Matthias Pöhm

Sie wollen keinen Erfolg –
Sie wollen glücklich sein!

Der Weg zum Glücksdurchbruch

Buch 2

Matthias Pöhm

Sie wollen keinen Erfolg –
Sie wollen glücklich sein!

Der Weg zum Glücksdurchbruch

Buch 2

Inhalt

Dieses Buch 2 ist eine Fortsetzung

Sie halten den zweiten Band eines Buches in den Händen, dessen ersten Band Sie vielleicht nicht gelesen haben.

Ich beschreibe Ihnen in Buch 1 mein spirituelles Erlebnis mit meiner verstorbenen Schwester, das mein radikales Umdenken eingeleitet hat.

Der erste Band ist die Darlegung, warum wir trotz aller Mühen und Anstrengungen noch immer nicht tief glücklich sind.

In Buch 1 beschreibe ich, warum der Erfolg in *allen* Lebensbereichen, in Karriere, Finanzen, Partnerschaft, Gesundheit ... Sie trotzdem nicht glücklich machen wird.

Dieses Leben hat einen Sinn, der für alle gleich ist. Das erste Buch beschreibt diesen Lebenssinn und die gängigsten Lebensirrtümer, auf die wir aber teilweise unser Leben aufgebaut haben.

Sie erfahren dort die am weitesten verbreiteten Fehlurteile über den Sinn des Lebens und die Fehlurteile über die Dinge, von denen wir denken, dass sie uns glücklich machen.

Im ersten Buch gebe ich Ihnen konkrete, sofort im Alltag anwendbare Perspektivenwechsel, die es Ihnen erlauben, die tiefere Realität des Lebens permanent und nicht nur in einer versunkenen Meditation zu erfahren.

Diese Perspektivenwechsel helfen Ihnen, auch scheinbar negative Ereignisse im Leben dazu zu nutzen, das Tor Ihres Bewusstseins Stück für Stück aufzuschieben und dadurch Ihr Leben als immer leichter zu empfinden.

Im Band 1 erkläre ich Ihnen, warum unser aller Leben auf ein einziges Ziel zusteuert:

Den Glücksdurchbruch!

Band 1 dieses Buches «Sie wollen keinen Erfolg – Sie wollen glücklich sein» können Sie über meine Website www.poehm.com bestellen.

Der jetzige Moment

Früher sind Sie beim Einparken nach Gefühl gefahren. Heute gibt es die piepsenden Abstandmelder. Sie haben mehr Komfort und sparen Zeit beim Einparken. Aber geht›s Ihnen besser dadurch? Fühlen Sie sich glücklicher?

Die Erfindungen dieser Welt machen unsere Welt immer komfortabler, immer schneller.

Früher hat man Briefe per Fax und Post verschickt, dank E-Mail gewannen Sie viel Zeit. Diese Zeit benutzen Sie beispielsweise, um den Rasen in Ihrem Garten zu mähen. Dann kommt irgendwann eine Erfindung, die Ihnen das Rasenmähen vereinfacht. Die gewonnene Zeit benutzen Sie beispielsweise, um Ihr Auto zum Tanken zu fahren. Dann kommt eine Erfindung, die Ihnen das Tanken einfacher macht, Sie gewinnen wieder Zeit. Die gewonnene Zeit benutzen Sie, um Ihr Auto zu waschen. Dann kommt eine Erfindung, die Ihnen das Autowaschen vereinfacht ...

Alle unsere Erfindungen machen unterm Strich unser Leben nicht glücklicher. Sie verschieben nur endlos das Urproblem: Endlich im jetzigen Moment zu landen und das mit voller Aufmerksamkeit zu erleben, was gerade (zu tun) ist.

Das Stimmen einer Gitarre nach Gehör dauerte früher ca 5 min. Dann erfand jemand das Gerät, das die Stimmung elektronisch erkennt, und es dauert nur noch 1 Minute – Sie sparen 4 Minuten. Aber, was machen Sie mit den gewonnenen 4 Minuten? Wieder eine Tätigkeit, wo in fünf Jahren jemand etwas erfindet, das Ihnen *diese* Arbeit beschleunigt.

Der Aussage «Erfindungen machen uns das Leben angenehmer» liegen drei Irrtümer zu Grunde. Der eine Irrtum ist, dass etwas «angenehmer zu haben» ein erstrebenswertes Mittel wäre um uns «glücklich» zu machen. Der zweite Irrtum ist, dass irgendeine Arbeit wertvoller und besser ist als irgendeine andere Arbeit!

Der dritte Irrtum ist, dass es irgendeinen Moment gibt, der wertvoller ist als irgendein anderer Moment.

Solange Sie «Zeit gewinnen» wollen, leben Sie noch in einer Illusion. Es gibt keine kostbare Zeit, es gibt nur einen kostbaren jetzigen Moment. Alles was stattfindet, findet JETZT statt. Sie können das Briefe Schreiben genießen, Sie können das Auto Waschen genießen, sie können das per Hand Einparken genießen ... Sie brauchen keine einzige neue Erfindung, um den Moment zu erfahren.

Es ist immer nur JETZT, und hier ist alles, was Sie brauchen!

Das Denken und das Jetzt

Ist Ihnen aufgefallen, dass es ohne Gedanken keine Zukunft gibt und auch keine Vergangenheit?

Überprüfen Sie das bei sich selbst. Es stimmt! Die Vergangenheit gibt es nur, weil Sie *denken*. Ohne Gedanke gibt es keine Vergangenheit. Alles, was Sie in Geschichte gelernt haben, alles, was letztes Jahr, letzen Monat, letzte Stunde in Ihrem Leben passiert ist, würde in Ihnen nicht existieren, wenn es keine Gedanken gäbe. Ein zweijähriges Kind (ein Kind mit 24 Monaten) kennt keine Vergangenheit, es kennt nur den jetzigen Moment.

Dasselbe gilt für Ihre Zukunft. Ohne Gedanke gibt es keine Zukunft. Deswegen sind all Ihre Pläne, all Ihre Wünsche, all Ihre Sorgen nur deshalb existent, weil Sie *denken*. Ein Zweijähriges kennt so etwas wie «Zukunft» nicht. Aber es lebt quietschvergnügt. Nicht «trotz», sondern «gerade weil» es keine Gedanken hat. Es lebt ohne Gedanken, und *gerade deshalb* lebt es quietschvergnügt im Moment.

Der jetzige Moment ist der einzige Moment, der real existiert. Alles andere sind Gedankenkonstrukte und damit Illusionen. Wir können den jetzigen Moment nur dann erleben, wenn wir die Gedanken still halten.

Alle unsere Tätigkeit ist auf etwas gerichtet, das es gar nicht gibt: Die Zukunft.

Es ist niemals der jetzige Moment, der uns *unglücklich* macht, sondern der Widerstand, mit dem wir dem jetzigen Moment begegnen. *Jeder* kommentierende Gedanke ist ein Widerstand gegen das, was ist. Unser ständiges Urteilen, Beurteilen, Verurteilen ist unser Problem.

Könnten Sie kommentarlos alles akzeptieren, was ist, wären Sie im Glücksdurchbruch.

Erkennen Sie, dass unser Denken das größte Hindernis auf dem Weg zum Glücklichsein darstellt?

In den Glücks- und Erfolgsbüchern wird oft der Tipp gegeben, vergangene Erfolgsmomente möglichst lange, oft und intensiv wieder ins Gedächtnis zu holen, um die «glücklichen Momente» noch einmal nachzuerleben. Darin liegen gleich zwei Probleme:

Erstens sind diese «Glücksmomente» Momente, die mit äußeren Ursachen zu tun haben. Mit einem bestandenen Diplom, mit der erwiderten Gefühls-Liebe eines begehrten Menschen, mit einem Sonnenuntergang. Sie lernen sich mit *äußeren* Ereignissen und Objekten zu identifizieren, die nichts mit Ihrem wahren Wesen zu tun haben. Sie identifizieren sich mit *Dingen,* statt mit Ihrer Seele, die reine Liebe ist und von alledem nichts braucht.

Zweitens ist diese Anweisung eine Aufforderung, in der *Vergangenheit* zu leben, eine Aufforderung, seinen Gedankenstrom zu aktivieren, statt ihn zu bremsen.

Ihr Glück liegt nicht in der Vergangenheit, Ihr Glück liegt nur im jetzigen Moment!

Perspektivenwechsel: Stop Thinking

Jetzt gibt es die oft gehörte Weisheit, man solle «im Moment leben».

Wenn Sie eine Musik genießen wollen, und plötzlich geht draußen ein Presslufthammer los, dann ist die Anweisung «lebe im Moment» nicht hilfreich.

Ich will Ihnen hier einen Hinweis geben, wie Sie das «im Moment Leben» praktisch im Alltag jederzeit umsetzen können.

Sagen Sie einfach «Stop thinking!»

Das ist Englisch und bedeutet: «Gedanken, hört auf!»

Machen Sie das bitte gleich einmal zum Test. Legen Sie das Buch beiseite und geben sich den Befehl «Stop thinking!»

Sie sind, vielleicht auch nur für zwei Sekunden, im Moment gelandet.

Sie wollen Musik genießen, und plötzlich geht draußen ein Presslufthammer los. Ihr spontaner Gedanke ist «Mein Gott, das stört! Ich will das nicht, bitte stellt das ab ...» In Ihnen kommt Ärger hoch: «Nie kann ich was genießen, man missgönnt mir sogar diesen kleinen Musikgenuss, ich bin es nicht wert respektiert zu werden ...»

Sie erkennen, dass *Gedanken* Ihnen das Leben schwer machen und sagen sich: «Stop thinking!»

Sie konzentrieren sich wieder nur auf die Musik und lassen den Presslufthammer Presslufthammer sein.

Das geht eine Zeit gut, plötzlich kommt wieder der Gedanke «Dieser verdammte Lärm, ich kann mich nicht auf die Musik ...

Moooooment!

STOP THINKING!

Das geht dann noch drei, vier mal hin und her, aber auf einmal werden Sie wundersam erleben, dass Ihr Glück gar nicht vom Nicht-Vorhandensein des Presslufthammers abhängig war. Das *dachten* Sie nur.
Ohne Gedanken – keine Probleme!

Sie sind am Wochenende auf einer Bergtour und machen Rast in einem Bergrestaurant. Sie beobachten alle Leute um Sie herum. Und bei jedem kleben Sie ein Etikett an: «Der versteht sich nicht mit seiner Frau, die reden schon ne halbe Stunde nichts miteinander. Die wären doch besser zu Hause geblieben.» – «Das Kind von denen da drüben sollte mal abnehmen. Das sieht ja unappetitlich aus. Das wird sicher gehänselt in der Schule. Verantwortungslose Eltern!» – «Wie der spricht, hat der sicher keine Schulbildung. Der ist sicher nur ein Arbeiter ….»
Moooooment! «STOP THINKING!»
Auch Ihr Kleben von Etiketten an alles und jeden belastet Sie, wenn Sie sich genau beobachten. Beurteilen strengt an, es macht unglücklich. Hören Sie auch mit dieser Gedankenaktivität auf.
Ohne Gedanken – keine Probleme!

Jeder Ihrer Gedanken gibt es nur deswegen, damit Sie ihn mit «Stop thinking» wieder anhalten können. Eine darüber hinausgehende Bedeutung gibt es nicht.

Kinder als Glücksbringer

Dieses Kapitel wird bei einigen von Ihnen vielleicht heftige innere Reaktionen hervorrufen. Das wird umso häufiger der Fall sein, je mehr elementare Lebenssäulen bei Ihnen betroffen sind, mit der hohe Identifikationen einhergehen. Aber ich versuche auch in der am stärksten mit Lebenssinn und Glück identifizierten Domäne zu beschreiben, was man klaren Auges beobachten kann. Wenn Sie von Grunde auf glücklich werden wollen, wenn Sie den Glücksdurchbruch erreichen wollen und ich Ihnen diesen Abschnitt erspare, dann erspare ich Ihnen zu erwähnen, dass mitten im Aquarium eine Scheibe steht, die Sie einfach nicht auf die andere Seite kommen lässt.

Falls Sie sich das nicht zumuten wollen, empfehle ich Ihnen dieses Kapitel zu überspringen und gleich zu Seite 48 zu gehen.

Vaterschaft und die Mutterschaft

Einmal werden auch Sie sterben. Die Vaterschaft und die Mutterschaft werden vollständig aufgelöst auf der anderen Seite. Die Konzepte von Vater, Mutter, Kind sind künstlich erschaffene Rollen, die keiner spirituellen Realität entsprechen. Vater, Mutter, Eltern, Kind ... das sind erfundene Rollenbilder, die es in der tieferen Spiritualität nicht gibt.

Unsere Aufgabe in diesem Erdendasein ist es, die im Jenseits gültige spirituelle Wahrheit bereits hier zu erfahren. Sie, lieber Leser, sind ein *spirituelles* Wesen, und der Rest der Realität ist von Ihnen dazuerfunden. Das gilt für uns alle. Unser aller Ziel ist es, alle Konzepte, die wir erschaffen haben, die nicht zu unserem wahren Wesen gehören, bereits hier auf Erden zu durchschauen und damit aufzulösen.

Die Rollen von Vater und Mutter haben nichts mit Ihrem wahren Wesen zu tun.

Die gesellschaftliche Überhöhung von Familie und Eltern ist aus spiritueller Sicht nicht haltbar. «Den Eltern dankbar sein» ist eine Gesellschaftsschablone, an der in keiner Kultur gekratzt wird. Warum soll Dankbarkeit gegenüber den Eltern, die ja behaupten, selbstlos zu geben, etwas Heiliges sein? Warum soll ich meine Eltern mehr achten als den Bettler am Straßeneck? Fast alle Eltern erpressen ihre Kinder mit dem Begriff «Dankbarkeit».

Ich habe meine Eltern nicht gebeten, mich in die Welt zu setzen. Der Kinderwunsch fast aller Eltern ist der Versuch, innere Löcher zu stopfen. Die Kinder sollen Ihnen «etwas geben». Und dieses «Etwas» ist für das Kind unerreichbar viel. Eine riesige Erwartung lastet auf den Schultern eines jedes Neugeborenen:

Durch das Kind wollen Eltern ihre innere Leere ausfüllen. Sie wollen wieder mit ihrem Partner etwas zu reden haben. Sie wollen ihre Einsamkeit übertünchen. Sie wollen einen von allen anerkannten Sinn im Leben. Sie wollen neben ihrem Job eine nicht infrage gestellte Beschäftigung und Aufgabe.

Sie wollen bedingungslos und abgöttisch geliebt werden. Sie wollen diese unumschränkte Macht fühlen. Sie wollen, dass ihr Name weitergegeben wird. Sie wollen Ablenkung und Spaß. Sie wollen ein Gefühl der Geborgenheit um sich herum schaffen. Sie wollen das Gefühl, dass jemand abhängig von Ihnen ist.

Sie wollen ein süßes, tollpatschiges Kuscheltier zum Rumknuddeln. Sie wollen Bedeutung in den Augen anderer gewinnen. Sie wollen ihre eigenen Eltern nicht enttäuschen. Sie wollen gegen das Vergessenwerden kämpfen. Sie wollen die eigene grenzenlose Bedeutung in den Augen eines ohne sie lebensunfähigen Wesens spüren.

Sie wollen ihre zerrüttete Partnerschaft wieder kitten. Sie wollen ein kleines Wesen mit den eigenen Vorstellungen für's Leben prägen. Sie wollen als Gegenpol zur depressiven Erwachsenenwelt etwas um sich haben, das sorgenfrei, im Moment lebend und so herrlich unschuldig ist.

Sie wollen die eigene fehlgelaufene Kindheit ausgleichen. Sie wollen, dass ihr Nachwuchs etwas schafft, was sie nie geschafft haben. Sie wollen durch die erhoffte spätere Bedeutung ihres Nachwuchses in den Augen der Gesellschaft ihre eigene Bedeutung aufwerten. Sie wollen im Alter nicht allein sein.

Sie wollen, dass jemand sie pflegt, wenn sie bedürftig sind. Sie wollen, dass von ihnen etwas weiterlebt. Sie wollen, dass jemand ihr Andenken und das Grab pflegt. Sie wollen, dass ihr Nachwuchs die Welt rettet, weil sie zu feige waren selbst die Welt zu retten.

Sie wollen ihr Vermögen weitergeben, damit die Illusion erhalten bleibt, sich nicht ein Leben lang umsonst krummgeackert zu haben ....
Dazu kommt noch bei Frauen, dass sie Kinder wollen, damit sie eine Garantie haben, dass der Mann auch noch im Alter bei ihnen bleibt.

Niemand hat das Kind gefragt!

Und das alles wird dann mit dem Aufkleber «bedingungslose Liebe» etikettiert.
  Beim Spiel mit den Kindern geht es von der Elternseite nur um «ich, ich, ich, ich, ich, ich ...» Das Kind ist das Spielzeug, mit dem sie alle ihre Erwartungen und Projektionen erfüllen wollen. Das ist ein Geschäft, aber keine be-

dingungslose Liebe. Im spirituellen Reich gibt es aber nur bedingungslose Liebe.

Das alles wäre nicht schlimm, wenn wir uns darüber nicht anlügen würden. Wir tun so, als ob das alles nicht stimmt.

Kinder zu haben ist kein Produkt der Liebe – Kinder zu haben ist ein Produkt der Erwartung, und mit jeder Erwartung ist die Angst verschweißt.

Hinter all den erhofften Wünschen, die in Kinder projiziert werden, steckt im Umkehrschluss wieder die Angst. Angst, dass nichts von mir bleibt, Angst, keine Bedeutung zu haben, Angst vor der Einsamkeit, Angst, dass alle meine auf das Kind projizierten Wünsche nicht in Erfüllung gehen.

Warum also soll das Kind dankbar dafür sein, als Projektionsfläche mit unerfüllbaren Belastungen erschaffen worden zu sein, in der verzweifelten Hoffnung der Eltern, ihre Angst vor dem Leben in den Griff zu bekommen?

Dankbarkeit gegenüber den Eltern

Von den 10 Geboten aus der Bibel wurde eines für das Eltern-Ehren verbraucht. «Du sollst Vater und Mutter ehren». Ein Verhalten aus innerem Antrieb braucht keine Vorschrift. Ich kenne zum Beispiel kein Gesetz, das besagt, dass Eltern ihre Babys mit Nahrung versorgen sollen. Das ist im Instinkt angelegt.

Wir bekommen da etwas als moralisches Gesetzt aufgepfropft, zu dem offensichtlich viele keinen inneren Antrieb verspüren.

Es kling einsichtig, wenn jemand sagt, dass man *alle* Menschen ehren und achten soll. Warum aber die Eltern mehr als einen Bettler in der Fußgängerzone?

Muss ein Löwenbaby seinen Eltern «dankbar» sein?

Eine Höhergewichtung der Eltern gegenüber jeder anderen Person ist ein Konzept, eine Erfindung unserer Gesellschaft und entspricht keiner spirituellen Realität.

In der spirituellen Realität gibt es keine «Gruppen». Irdische Gebilde wie Bewohner der Heimatstadt, Vereine, Firmen, Nationen, Religionszugehörigkeiten sind rein virtuell. Das gilt selbstverständlich auch für die Gruppe der Familie, für Elternschaft und für Kindschaft. Das ist ein künstlich von uns auf der Erde erschafftes Konzept ohne spirituelle Realität.

Jeder Bedürftige da draußen verdient Ihre Hilfe genauso, wie Ihre Blutsverwandtschaft. Einen Obdachlosen im Krankenhaus zu pflegen hat mindestens denselben Stellenwert, als die sich vor dem Fernsehen langweilenden Eltern zu besuchen. Sie müssen von einer spirituellen Warte aus weder das eine noch das andere tun.

Loslassen von Menschen

Nehmen Sie wahllos zwei Menschen aus der Fußgängerzone und verpflichten Sie diese, eine Gemeinschaft zu bilden. Gehen Sie noch weiter: Verpflichten Sie sie, sich *gut zu verstehen*. Das war der Fall in den Big-Brother-Containern in den Reality Shows Anfang der 2000-er Jahre, wo man 12 Menschen monatelang auf engstem Raum unter Kamerabeobachtung leben ließ. Solche wahllos ausgesuchten Menschen haben im Normalfall unterschiedliche Ideen, Interessen, Vorstellungen über die Welt, Glaubenssätze, Hobbies ... selten war zu beobachten, dass solche wahllos zusammengewürfelten Menschen Freunde fürs Leben wurden.

So ein Zwang wird aber von der Gesellschaft für die Eltern-Kinder Beziehung aufgebaut. Die statistische Chance, dass Mutter und Sohn, Vater und Sohn, Mutter und Tochter ähnlich ticken, ist nicht größer als dass sich zwei wahllos aus der Fußgängerzone zusammengewürfelte Leute gut verstehen.

Die meisten Menschen erleben, dass sie als Erwachsene mit den Eltern keinen tieferen Austausch haben. Da wird beim obligatorischen Besuch nur versucht, ein oberflächliches Gespräch im Gang zu halten.

Ich sage Ihnen, wie ich, Matthias Pöhm, es mit meinen Eltern immer erlebt habe. Die Eltern bekommen etwas von mir: meine Gegenwart, meine Hilfe, mein Sohn-Sein. Mir bringt das nichts außer dem Gefühl, meiner Verpflichtung genüge getan zu haben. Ich gehe aus *Verpflichtung* zu ihnen. Ich konnte diese Erziehungsschablone noch nicht ablegen. Das ist die Wahrheit. Und bei fast allen, die dies lesen, ist es genauso.

Die gesellschaftliche Schablone erklärt uns, dass Beziehungen, je länger sie dauern, aufrecht erhalten und «gepflegt» werden müssen. Wir lernen jemanden kennen, haben eine schöne Zeit miteinander, und dann sollen wir diese Zeit möglichst lange in die Zukunft verlängern.

Aber das Leben ist Loslassen.

Es ist nicht schlimm, Menschen für eine Wegstrecke zu begleiten, egal wie lange oder kurz die Strecke ist, egal wie nahe die Menschen uns einmal gestanden haben, und sie danach ohne Bedauern loszulassen.

Sobald Sie eine Verpflichtung verspüren, Sie sich einen Ruck geben müssen, um Kontakte weiter zu pflegen, anstatt dass Sie einen Sog verspüren, dann ist es der Moment loszulassen. Das gilt für Zufallsbekanntschaften, Arbeitskollegen, Bekannte, Freunde, Beziehungen, Geschwister und …

Eltern.

Sie haben Ihre Eltern nicht aktiv kennengelernt und konnte deshalb nicht aus freien Stücken «Freundschaft» schließen. Das erzwungene Zusammenleben ist durch deren Willen geschehen. Sie sind ein freier Mensch in einem freien Universum, Sie dürfen immer entscheiden, ob Sie diese «Freundschaft» wirklich wollen. Lassen Sie los, wenn die Gemeinsamkeit verlorengegangen ist. Das ist ehrlich.

Dazu kommt, dass Ihre Umgebung Sie viel mehr prägt, als Sie wahrhaben wollen. Sie *werden* so wie die Menschen, mit denen Sie sich umgeben. Wenn Sie zum Beispiel spirituell und freidenkend durchs Leben gehen wollen, aber jeder in Ihrem Freundeskreis interessiert sich nur für Wohlstand, Ruf in der Gesellschaft, Sicherheit und «nicht anecken», dann zieht Sie dieser Freundeskreis ebenfalls in diese Richtung. Ob Sie das wollen oder nicht.

Suchen Sie sich Ihre Freunde, das soziale Umfeld, so aus, dass es Sie in Ihrem Denken fördert. Das lesen Sie in vielen Ratgebern, und die Ratgeber haben Recht. Ich sage zusätzlich: Das schließt Ihre Eltern mit ein.

Perspektivenwechsel: Die Warteschlange

Wenn Sie irgendwo zu warten haben, zum Beispiel am Flughafen oder auf den Bus oder an der Supermarktkasse, dann ist das eine wunderbare Gelegenheit für Sie, im Jetzt zu landen.

Ich gebe Ihnen drei Möglichkeiten an die Hand.

Der erste Trick:
Lassen Sie Ihren Körper mehrmals ein- und ausatmen. Beobachten Sie, woher der Impuls kommt, der das Ein- und Ausatmen anstößt. Wer oder was gibt dieses Signal? Sie werden das Signal erkennen, aber niemals die Ursache für das Signal.

Ein anderer Trick:

Sie halten Ihre Gedanken still. Sie warten beobachtend darauf, was als nächster Gedanke kommt ... Das Phänomen ist, dass erst mal lange Zeit kein Gedanke kommen will. Sie sind gedankenstill. Sobald Sie den ersten Gedanke erkennen, wiederholen Sie für sich, welcher Gedanke das war. Zum Beispiel: «Ich habe daran gedacht, ob ich den Flieger verpasse». Dann halten Sie wieder still, um den nächsten Gedanken zu erwischen ... Auch den sprechen Sie dann wieder laut aus. u.s.w u.s.f. Sie werden erleben, dass Ihre Phasen der Gedankenfreiheit immer länger werden.

Ein weiterer Trick:

Sprechen Sie mit den Organen und Gliedmaßen Ihres Körpers. Sprechen Sie mit Ihren einzelnen Organen, und danken Sie ihnen für die Dienste, die sie Ihnen bis jetzt geleistet haben. Sprechen Sie mit Ihren Gliedmaßen und danken Sie auch ihnen für die Dienste, die sie Ihnen bis jetzt geleistet haben. Mit dem Herz, der Lunge, den Beinen, den Händen, der Haut, den Augen, dem Darm ...

Sie werden vom Leben nur deswegen zum Warten gezwungen, damit Sie mit diesen Übungen im Moment landen können. Eine darüber hinausgehende Bedeutung gibt es nicht.

Kinder als Betäubungsmittel.

Eltern erwarten von ihren Kindern etwas. Der Liebreiz, die Aufgabe, das Knuddeltier, das Gebrauchtwerden ... Kleinkinder erfüllen diese Projektionen noch perfekt. Eltern sind abhängig von ihren Kindern. Sie würden niemals ihr Kind jemand anderem schenken, falls das Kind dies wünschen würde.

Eine Mutter mit Überidentifikation wird von der Gesellschaft für selbstlos und spirituell fortgeschritten gehalten, wenn sie sagt: «Ich würde für mein Kind mein Leben geben.» Durch solche Aussagen wird nur eine tiefe Abhängigkeit der Mutter vom Kind deutlich. Das ist solange keine spirituelle Leistung, solange sie nicht gleichzeitig für jeden beliebigen anderen auch ihr Leben geben würde.

Eltern sind wie Drogenabhängige ... – sie sind abhängig von ihren Kleinkindern – ihr Credo ist: «Ich kann ohne dich nicht leben». Das sehen Sie an überidentifizierten Hollywood-Berühmtheiten wie Julia Roberts, die sich die Namen ihrer Kinder oberhalb ihres Steiß eintätowieren ließ. Und das sehen Sie noch mehr an den verzweifelten Kämpfen um das Kind nach Ehescheidungen – Lichtjahre entfernt von der spirituell gesunden Einstellung «Ich will dich, aber ich brauch dich nicht».

Im Kleinkindalter war ich das Betäubungsmittel für meine Eltern. Als Kleinkind erfüllte ich automatisch alle Projektionen, die sie von mir hatten. Im Laufe der Jahre erfüllte ich sie immer weniger, aber wie alle Eltern zogen sie sich im Laufe der Jahre einfach immer enger werdende Scheuklappen an.

Ich will nicht sehen, was wirklich ist – es würde sonst so weh tun!

Erwartung ist mit Enttäuschung verheiratet

Eltern mit Kleinkindern glauben meistens uneingeschränkt an all diese erwartungsschwangeren Projektionen. Da ist ein kleines, unfertiges Wesen, für das man selbst Gott ist. Es winkt mit Sinn, Geborgenheit, Bedeutung, «Glück».

Solange Ihr jüngstes Kind unter sechs Jahre alt ist, stehen Sie normalerweise vollständig unter instinktunterstützter Betäubung. Sobald das jüngste sieben bis acht Jahre alt wird, kommt ein erstes Teil-Erwachen aus der Illusion. Das zweite Erwachen ist zwischen 12 und 13, und das letzte Erwachen kommt, wenn Ihr jüngstes Kind 18, 19 wird. Dann erkennen Sie auf irgendeiner Bewusstseinsebene im Rückblick, dass die sinnstiftende Glücksquelle doch nur eine Fiktion war. (Bei den meisten Müttern, wie bei meiner verstorbenen Schwester, erkennt es nur das Seelenbewusstsein, ihr waches Bewusstsein leugnet es – bis zum Lebensende.) Diese ganze Glücksprojektion und das Sinngebende war nicht erst jetzt, sondern auch im Kleinkindalter nur scheinbar da – Sie haben es damals nur nicht erkannt.

Kinder sind einfach so süß, sie sind unverdorben, ehrlich, unprogrammiert, unschuldig und tollpatschig – man kann mit ihnen knuddeln – und sie brauchen mich doch ... Nach welchem Sinn soll ich denn noch suchen?

Das Betäubungsmittel wirkt.

Die Gesellschaft liefert uns eine verklärte Projektion der Selbstlosigkeit und Sinnerfüllung. Wenn jemand Künstler werden will, kämpft er gegen Widerstände und Vorurteile, mit einem Kinderwunsch muss man sich vor niemanden rechtfertigen. Lebensaufgabe erfüllt!

Der Staat, die Religion, Ihre Eltern, Ihr Freundeskreis, Ihr Partner unterstützen Sie in diesem Denken, das macht es noch schwieriger, das Betäubungsmittel zu erkennen und den spirituellen Adlerblick zu bekommen. Aber im Unterbewusstsein schlummert die Angst: Ich habe dich erschaffen, damit du mir Sinn gibst und ich mich nicht so einsam fühle. Bitte erfülle meine Erwartungen.

Alle Eltern werden am Ende enttäuscht.

Wie in so vielen anderen Bereichen machen wir es auch hier: wir passen unsere Wahrnehmung der Schablone an und nicht die Schablone der Wahrnehmung. (Bitte lesen Sie diesen Satz noch einmal!)

Auch hier würden wir erkennen können, wenn wir nur wollten, dass die Schienen bloß am Anfang versilbert sind und nach etlichen Kilometern zu rosten anfangen.

Lass mir meine Illusion – es würde sonst so weh tun.

Die Verantwortung des Betäubungsmittels

Sie, liebe Leser, haben aus spiritueller Sicht keine Schuld, keine Verpflichtung gegenüber Ihren Eltern. Das hat man Ihnen bisher nur eingeredet. Das Betäubungsmittel ist nicht dafür verantwortlich, dass die Abhängigen davon loskommen. Sie müssen die Eltern nicht regelmäßig anrufen, Sie müssen sie nicht besuchen, Sie müssen nicht zum Geburtstag gratulieren, Sie müssen nichts von alledem!

Wenn Sie es aus tiefstem Herzen WOLLEN; dann ist das ein mit der Seele synchrones Verhalten. Aber überprüfen Sie wirklich, ob das bei Ihnen so ist!

Schauen Sie ehrlich in sich hinein:

Ist da wirklich kein Gedanke von «ich will niemand enttäuschen, ich will niemandem weh tun», «ich will kein schlechtes Gewissen haben», «so erwartet man das von mir», «was sollen die Eltern, die Geschwister, die Nachbarn von mir denken?», «ich will nicht als jemand dastehen, der seine Eltern im Stich lässt», «ich brauche deren finanzielle Unterstützung» ... Das Ganze bekleben Sie mit einem Etikett «Dankbarkeit». Sie können, wie Ihre Eltern auch, nicht loslassen. Sie kleben!

Perspektivenwechsel: Warum die Dinge passieren

Wir sind auf dieser Welt, um uns in Bezug zu anderen Menschen erfahren zu können. Nur durch andere Menschen erleben wir uns selbst. Zunächst in der Illusion getrennt zu sein, dann irgendwann in der Wahrheit, dass wir alle eins sind. Deswegen ist der einsame Meditierende in einer Berghöhle nur dann wirklich im Glücksdurchbruch, wenn er seinen Zustand in der Interaktion mit Menschen weiterführen kann.

Wissen Sie, warum Ihnen Dinge passieren im Leben?

Alles, was Ihnen passiert, passiert Ihnen nur deshalb, damit Sie mit anderen Menschen interagieren können.

Wenn Sie eine Autopanne haben, geht es nicht um die Autopanne, sondern es geht darum, wie Sie mit dem Automechaniker, der Ihnen gleich zur Hilfe kommt, interagieren. Es geht bei allem immer nur um die Interaktion mit anderen Menschen. Deswegen kommt der Polizist, um Ihnen einen Strafzettel zu verpassen. Deswegen telefoniert der Kunde, um Ihnen den Auftrag zu entziehen. Deswegen kommt der Verwandte, um Ihnen zum Geburtstag zu gratulieren. Deswegen werden Sie krank, damit Sie mit den Arztgehilfinnen beim Arzt interagieren können.

Es geht immer nur darum: Wie reagieren Sie auf den anderen Menschen, mit dem Sie zusammenkommen? Deshalb wird vom Universum der ganze Rest inszeniert, damit Sie überhaupt einen äußeren Anlass dazu haben. Der Anlass ist ohne Belang. Alles ist eine für uns inszenierte Seifenoper, die uns erlaubt, das zu erleben. Alles, was passiert, passiert nur deswegen, damit Sie sich in Bezug zu anderen Menschen erfahren können. Die Sache selber ist völlig unwichtig.

Kinder machen glücklich

Kinder machen glücklich. Das ist unsere derzeitige Gesellschaftsschablone. Jetzt sage ich Ihnen etwas, woran Sie sofort ziemlich gut erkennen können, welchen Wahrheitsgehalt diese Aussage hat:

SCHAUEN – SIE – IHRE – ELTERN – AN!

Noch mal: Schauen Sie Ihre Eltern an! Ja, schauen Sie Ihre Mutter an, schauen Sie Ihren Vater an. Die hatten Kinder. Eines davon waren Sie. Sehen Sie da Glück? Beantworten Sie sich wirklich diese Frage. Sehen Sie da Glück? Wenn ich meine Eltern ansehe, sehe ich dort Erwartung, Enttäuschung, nicht gelebtes Leben, Verpflichtung, Sorgen und Angst. Das wird bei Ihren Eltern nicht viel anders sein.

Wenn Sie für sich feststellen wollen, was die Wahrheit ist und was Ihre gesellschaftliche Programmierung, dann lade ich Sie ein, sich einmal folgende Frage ehrlich zu beantworten:

Würden Sie Ihre Eltern genauso oft besuchen und anrufen wie heute, wenn es ein Ehepaar wäre, das Sie im Urlaub kennengelernt hätten? Würden Sie diese beiden Personen dann in Ihren Freundeskreis einbinden? Seien Sie einfach ehrlich zu sich. Sie müssen hier beim Lesen niemanden anlügen, niemand hört zu, außer Ihnen selbst.

Wenn aus Ihnen ein ehrliches überzeugtes Ja kommt, dann müssen Sie Ihrem Herzen folgen. Dann ist Ihr Verhalten mit Ihrer Seele im Einklang. Wenn nicht, dann tun Sie dies aus Verpflichtung – Sie sorgen sich, was andere von Ihnen denken könnten. Wenn Sie etwas aus Verpflichtung tun, liegt darin keine Liebe.

Und jetzt die harte Botschaft:

Ihre eigenen Kinder werden es mit Ihnen nicht anders tun!

Der ewige Kreislauf des vertagten Lebens, des Lebens als Verpflichtung.

Aber wie die letzten Generationen vor Ihnen glauben auch Sie, dass mit Ihren *eigenen* Kindern alles anders sein wird. Denken Sie noch einmal kurz darüber nach. Sie glauben: «Weil ich aus den Fehlern meiner Eltern lerne, werde ich eine bessere Generation erschaffen als meine Eltern.»
Stimmt's?

Das haben aber Ihre Eltern haargenau gleich gedacht. Haargenau! Und deren Eltern davor auch und deren Eltern davor ebenfalls. Glauben Sie, dass es bei Ihnen, lieber Leser, wirklich anders sein wird?

Es wird *nicht* anders sein – es wird so sein, wie Sie es mit Ihren eigenen Eltern hatten. Ihre Kinder besuchen Sie aus schlechtem Gewissen, aus Zwang, aus Verpflichtung. Das, was Sie wirklich bewegt, besprechen Sie nicht mit Ihren Eltern. Das werden Ihre Kinder mit Ihnen genauso wenig tun. Die werden Sie aus Verpflichtung besuchen. Sie werden das wohlerzogene Kind spielen und froh sein, wenn sie wieder weg sind, um endlich wieder diejenigen Menschen zu sehen, zu denen Sie sich echt verbunden fühlen, mit denen Sie sich wirklich austauschen können. Ihre Kinder werden es gesellschaftskonform als «Liebe» deklarieren und dafür überall Applaus ernten, aber in ihnen selbst fühlt es sich an, wie jemandem «Essen auf Rädern» bringen.

Der Mensch existiert seit ca. 2 Millionen Jahren auf diesem Planeten. Das entspricht ca 80.000 Eltern-Generationen, die es besser machen wollten als deren eigene Eltern. 80.000 mal Verbesserung!
Überlegen Sie einmal, was wir theoretisch für perfekt harmonische Familien haben müssten, bei 80.000-facher

ständiger Verbesserung? Aber wir *haben es* nicht. Und keiner stellt den Glaubenssatz in Frage «*Weil ich aus den Fehlern meiner Eltern lerne, werde ich eine bessere Generation erschaffen*». Das System funktioniert nicht!

Es funktioniert deshalb nicht, weil wir denken, es gehe im Leben um die Erfordernisse des Verstandes. Unsere Erwartungshaltungen gegenüber unseren Kindern haben sich seit 80.000 Generationen nicht geändert. Wir versuchen mit Kindern immer noch innere Löcher zu stopfen. Wir wollen, genau wie unsere Vorfahren, Kinder, damit wir uns nicht so einsam fühlen. Wir betrachten Kinder als Besitz, als eine Investition, damit etwas Bleibendes von uns weiterlebt. Das größte Problem: Die Kinder sollen uns den Sinn des Lebens geben.

Und das wird auch nicht dadurch berührt, dass Sie sich im Gegensatz zu Ihren Eltern vielleicht nackt zeigen oder irgendwelche äußeren Freiheiten und Erziehungsprinzipien bei Ihren Kindern anders handhaben als Ihre Eltern.

Der Sinn des Lebens ist der Glücksdurchbruch! Und nichts anderes.

Solange wir das nicht sehen, erleben wir nur Enttäuschung und Leid.

Eltern lieben keine Kinder, sie lieben nur ihre EIGENEN Kinder

Die meisten Mütter erklären mit verklärtem Blick, dass ihr Kind sie als Mutter überlebensnotwendig brauche. Das ist eine Lebenslüge. Kinder brauchen nicht die eigene Mutter, Kinder brauchen eine *Bezugsperson*, die ihnen Nahrung, Schutz und Geborgenheit gibt. Das kann jedermann sein.

Es ist eine Fantasie der Mütter, dass das Kind genau *sie* braucht.

Ich, Matthias Pöhm, habe keine Kinder und werde auch in diesem Leben keine haben. Wenn Sie mir aber ein ein- bis vierjähriges auf die Straße stellen und ich laufe zufällig vorbei, flippe ich aus. Ich bleibe wie magisch stehen und habe ein Lächeln im Gesicht, bei dem sich die Mundwinkel am Hinterkopf fast wieder treffen. Ich beobachte dieses Wunder halbminutenlang mit Freudehormonwallungen und bin fokussiert wie ein Sprengmeister beim Entschärfen einer Bombe.

Wenn ich so durch die Straßen gehe, bin ich immer wieder erstaunt, wie wenig normale Erwachsene beim Anblick eines Kindes in Verzückung geraten. Aber fast alle geben an, irgendwann Kinder haben zu wollen, und ein Großteil von denen hat tatsächlich Kinder.

Die meisten Eltern haben gar keine richtige Freude an Kindern. Sie haben nur Freude an ihren *eigenen* Kindern.

Das ist keine Liebe zum Kind, sondern eine Liebe zum Besitz.

Wir leben auf diesem Planeten, bis wir *alles* loslassen können – Kinder führen uns weg davon! Sie machen es schwerer! Denn wer Kinder hat, ist noch stärker an die Welt mit ihren illusorischen Identifikationen gebunden, und er denkt weniger frei über das Leben nach, denn er hat ja «Verpflichtungen» und den scheinbaren Sinn des Lebens gefunden.

Eltern-Kind Beziehungen im erwachsenen Alter

Jede Beziehung ist nur dann intakt, wenn BEIDE sagen: Ich bin stolz darauf, bei dir zu sein. Das sollte in einer Geschäftsbeziehung der Kunde zum Lieferant sagen und der Lieferant zum Kunden. Das sollte in einer Personalbeziehung der Mitarbeiter zur Firma und die Firma zum Mitarbeiter sagen. Das sollte in der romantischen Beziehung die Frau zum Mann sagen und der Mann zur Frau. Wenn es nur *einer* zum anderen sagen kann, dann ist die Beziehung aus dem Gleichgewicht und damit krank. Wenn ich eine Mutter höre, die von ihrer 19-jährigen Tochter sagt: «Wenn ich in ihr Zimmer gehe und sie ist nicht da, dann tut mir das richtig weh» – dann ist das keine Liebe, sondern Abhängigkeit.

Solange die Tochter beim Eintritt in das Zimmer der Mutter nicht genau dasselbe sagt, so lange ist die Beziehung im Ungleichgewicht und damit krank.

Fast alle Eltern-Kinder Beziehungen im erwachsenen Alter sind krank.

Wenn ein Mann Reichtum, gesellschaftliches Ansehen und Erfolg hat, ist es ihm fast unmöglich, das alles loszulassen. Zu groß ist sein Gedanken-Wesen damit identifiziert, zu groß ist die erfahrene gesellschaftliche Anerkennung dieser Rolle, und zu groß ist deshalb der scheinbare Verlust!

Keine einzige Rolle, die Sie in diesem Leben einnehmen, entspricht irgendeiner spirituellen Wahrheit, keine Rolle hat mit Ihrem wahren Wesen etwas zu tun!

Jede Art von Rollenidentifikation führt uns weg von dem, was wir wirklich sind. Männer sehen sich öfter in der Erfolgs- und Karriere-Rolle, Frauen sehen sich öfter in der Beziehungs- und der Mutter-Rolle.

Männern wird von der Gesellschaft und der Religion hin und wieder der moralische Zeigefinger entgegen gehalten, dass es etwas «Höheres» in diesem Leben gibt, als Erfolg und Karriere.

Hingegen wird einer Mutter von der Gesellschaft keine Warnflagge vors Gesicht gehalten – im Gegenteil, eine Mutter wird von überall in ihrer Rollenidentifikation unterstützt.

Deshalb haben Mütter es allgemein schwerer, von ihrer Lebens-Rolle loszulassen und im jetzigen Dasein noch zu erfahren, wer sie wirklich sind.

Wir kommen allein auf diese Welt, und wir gehen allein von dieser Welt, dazwischen bauen wir angstvoll Abhängigkeiten auf, damit ja jemand «zu uns gehört». Niemand gehört irgendjemand – die Illusion, dass es anders wäre, macht uns auf Dauer unglücklich.

Wenn man einmal «das Himmelreich» mit dem Glücksdurchbruch gleichsetzt, dann steht in der Bibel folgender tieferer Satz:

«Eher geht ein Kamel durch ein Nadelöhr, als ein Reicher in das Himmelreich.»

Der nachfolgende Satz trifft wahrscheinlich noch mehr zu:

Eher geht ein Kamel durch ein Nadelöhr, als eine Mutter in das Himmelreich.

Ich-Identifikation und Gruppen-Identifikation

Gefährlicher als die Identifikation mit der eigenen Form des Ich ist die Identifikation mit einer *Gruppen*-Form. Der Stamm, die Firma, die Heimat-Stadt, die Rasse, die politische Partei, die Gruppe der Frauen, die gleiche Meinung, die Religion, die Nation. Je stärker die Identifikation mit der Gruppenzugehörigkeit, umso mehr führt sie uns von uns selbst weg.

Neben der romantischen Partnerschaft ist die kleinste Form der Gruppe ... die Familie!

Je kompletter die Identifikation mit der Form ist, desto mehr Leid entsteht für das Individuum und auch für die Umgebung. In der Hierarchie der Gruppenidentifikationen erzeugt die Familie mit die stärkste Identifikation in unserer Gesellschaft, noch vor der Nation und der Religion. Je stärker die Gruppenidentifikation, je stärker die Abspaltung, desto stärker das erzeugte Leid.

Das Prinzip Familie sagt: «Wir müssen zuerst für uns sorgen». Damit ist in letzter Konsequenz die äußere Welt zum potentiellen Feind erklärt.

Die Familie ist wie eine Wagenburg in einem alten Western. Die Wagen stehen im Kreis, innen liegen die Cowboys und schießen auf die feindlichen, im Kreis um die Wagen herum reitenden Indianer.

Allein dadurch, dass wir eine Wagenburg errichten, *erschaffen* wir feindliche Indianer. Überprüfen Sie das in Ihrer Familie oder der Familie von Bekannten. Da gibt es unfähige Lehrer, missgünstige Nachbarkinder, uneinsichtige Ärzte, familienfeindliche Restaurants. Die Indianer reiten überall. Wir kämpfen für unsere Kinder gegen den Rest der Welt.

Wir sind alle eins. Die Idee «Familie» erschafft Spaltung gegenüber dem Außen. Das ist beobachtbar.

Perspektivenwechsel: Körperliche Schmerzen

Wenn eine Wahrheit auf eine Lüge trifft, gibt es immer seelische Schmerzen. Dasselbe gilt auch für *körperliche* Schmerzen. Die Lüge ist die eingebildete Gesundheit: «Alles OK bei mir». Der Körper aber gibt ein Signal: «Hoppla, das ist nur oberflächlich richtig!» Das ist der Schmerz.

Wenn Sie Schmerzen bekämpfen, bekämpfen Sie den Überbringer der Botschaft. Sie müssen den Botschafter lieben. Dann gehen auch die Schmerzen weg. (Nicht immer, aber häufig!)

Wenn Sie körperliche Schmerzen haben, dann ist das nur ein Signal eines Körperteils, dass er Beachtung wünscht. Der Schmerz ist nur da, weil das entsprechende Körperteil Aufmerksamkeit und Liebe möchte. Geben Sie dem Schmerz diese Liebe. Der Schmerz ist aus einem Grund da.

Er will Ihnen mitteilen, dass etwas nicht so funktioniert, wie es funktionieren sollte.

Nehmen wir an, Sie haben Kopfweh. Konzentrieren Sie sich auf die Stelle, wo der Schmerz erscheint, und reden Sie mit Ihrem Kopfweh:

«Liebes Kopfweh, du bist aus einem Grund da. Ich schenke dir Liebe. Ich schenke dir Liebe und Wärme. Du bist willkommen, wenn du da bist, du bist aber auch willkommen zu gehen, wenn du wieder gehen willst. Ich schenke dir Liebe und Wärme.»

Versuchen Sie das beispielsweise auch, wenn Sie sich mit dem Knie irgendwo heftig gestoßen haben.

Sobald Sie eine Krankheit oder Schmerzen haben, empfinden Sie das meist als störend. Das ist aber das Problem. Wenn Sie es als störend empfinden, dann geben Sie in Gedanken Kommentare dazu ab, das hat zur Folge, dass Sie unter der Krankheit leiden. «Leiden» ist nichts anderes als ein negativer Gedankenkommentar. Drehen Sie es um: *Lieben* Sie die Signale – der Körper regelt gerade etwas für Sie. Er will Ihre Unterstützung: Schenken Sie der Krankheit, dem Schmerz Liebe und Wärme. Es ist nichts verkehrt bei Ihnen, es ist alles perfekt. Da will nur etwas mehr Aufmerksamkeit und Liebe.

Ansonsten lassen Sie die Schmerzen Schmerzen sein und geben keinen weiteren gedanklichen Kommentar dazu ab.

Es gibt eine zweite Art, den Schmerz anzunehmen. Sie gehen mit Ihrer Seele mental außerhalb Ihres Körpers und beobachten Ihren Körper von dort. Auch hier reden Sie mit ihm, so, als ob Sie Ihr eigener Schutzengel wären. Der Schutzengel hat große Macht. Geben Sie von außerhalb Aufmerksamkeit und Liebe. Das hilft.

Hier eine dritte Art, den Schmerz anzunehmen:

Wenn Sie sich beispielsweise den Fuß am Tischbein angeschlagen haben und es schmerzt, dann stellen Sie sich den Schmerz als einen kleinen Gegenstand (Zuckerwürfel, Nuss) vor. Nehmen Sie die Nuss in den Mund und schlucken sie sie herunter. Beim Herunterschlucken geben Sie dem Schmerz Liebe, Sie verschlucken damit auch den Schmerz. Er ist weg.

Sie haben nur deshalb Schmerzen, damit Sie gewissen Körperteilen wieder einmal Liebe und Beachtung schenken können. Eine darüber hinausgehende Bedeutung haben sie nicht.

Nichts ist schmerzhaft, sobald Sie erkennen, dass es nicht real ist. Im Glücksdurchbruch erkennen Sie, dass sowohl körperliche Schmerzen als auch seelische Schmerzen als auch der Tod nicht real sind.

Religion

Nehmen wir an, Sie sind religiös. Das heißt, es gibt irgendeine Lehre, ein heiliges Buch oder einen Verkünder, von dem Sie sagen: Das ist mein Leitfaden.

Egal, wie sehr Sie an das glauben, was in den heiligen Büchern steht: Mit allem, *was* Sie glauben, akzeptieren Sie, dass ein anderer mehr Autorität über Sie hat, als Sie selbst. Wenn Sie an eine Religion glauben, geht es nur oberflächlich darum, ob das im tiefen Kern stimmt, was durch die heiligen Bücher und deren religiösen Führer übergeben worden ist. Es geht vielmehr um eine Frage, die tiefer ist: Übernehme ich prinzipiell Verantwortung für das, was gut und schlecht für mich ist, oder will ich andere für mich entscheiden lassen? Das ist eine Frage, die Ihr ganzes Leben von der Basis her mit allem durchwirkt.

Wenn Sie sagen: Gewisse Verhaltensregeln sind mir von Gott gegeben worden, dies muss ich lassen und jenes muss ich tun (Rituale, Beten, Moral, Ehe, Sex, Gottesdienst, Familie, Gut und Böse ...), dann gehen Sie weg von der ultimativen Wahrheit, dass jede Antwort in *Ihnen* steckt. Sie akzeptieren, dass ein anderer mehr für Sie entscheiden kann, als Sie selbst. Ob das Ihre Lehrer sind, Ihre Eltern, Ihre Freunde, der Staat, die Kirche ... oder ein externer Gott, das ist vom Prinzip her egal. Mit diesem Abgeben von Verantwortung für sich selbst können Sie sich nicht mehr selbst heilen, können Sie sich nicht selbst glücklich machen.

Leben um Leben warten Sie, dass Sie geheilt *werden*. Das muss so lange schief gehen, bis Sie erkennen, dass *Sie* der Einzige sind, der sich heilen kann.

Religiös zu sein ist nicht falsch. Es bringt Sie nur nicht zum Glücksdurchbruch, dem Ziel, das alle unsere Seelen erreichen wollen.

Jeder Mensch kann direkt Offenbarungen aus einer höheren Quelle empfangen. JEDER! Es gibt sehr, sehr viele Geistwesen, mit denen Sie in Kontakt treten können.

Verstorbene, Erzengel, Aufgestiegene, Lehrer, Außerirdische, Elohims, Heilige und so weiter. Sie alle sind Boten zwischen uns und dem Licht – dem Universum. Aber wir selber sind Teil dieses Universum, wir sind selber Teil des Lichts. Sie brauchen nicht wirklich diese Geistwesen als Vermittler, Sie können sich mit dem «Alles-das-ist» direkt verbinden, zu jeder Zeit.

Sprechen Sie mit Gott!

Stellen Sie Fragen an das höchste Wesen, es ist für Sie da, es wartet darauf, Ihnen Antworten zu geben. Es braucht nur Mut – den will ich Ihnen geben. Sie müssen nicht mit der verstorbenen Oma vorlieb nehmen, die weiß zwar auch schon viel mehr als Sie, aber irgendwo liegt sie garantiert daneben.

Ich selber habe eine Zeitlang mit dem Planeten Erde geredet. Es kamen Antworten von großer Klarheit. Dann bin ich dazu übergegangen, direkt mit dem Höchsten zu reden. Mit Gott. Denn ich wollte die Welt möglichst so erkennen, wie sie wirklich ist, ohne das Risiko einer Teil-Einsicht. Ich habe Gott den Namen «Scheune» gegeben, das machte es weniger verkrampft und ehrfurchtsvoll.

Auch Sie können mit Gott reden. Setzen Sie sich hin und sagen einfach erst einmal «Hallo». Dann stellen Sie Fragen. Warten Sie, was für Antworten in Ihrem Kopf entstehen. Sie werden am Anfang die Schwierigkeit haben, dass Sie denken, das sind einfach nur *Ihre* Gedanken, das waren SIE und keine Antwort einer höheren Macht. Das ist normal, das geht jedem so. Sie werden aber irgendwann an der Qualität der entstehenden «Gedanken» merken: Das war kein eigener Gedanke, das war «gegeben». Es wird auch so sein, dass auf viele Fragen einfach keine eindeutig erkennbaren Antworten oder überhaupt keine Antworten kommen. Das ist egal. Fragen Sie einfach weiter, stellen Sie einfach andere Fragen, bis wieder eine Antwort kommt. Tatsächlich ist es so, dass manchmal, bevor die Frage gestellt ist, bereits die Antwort kommt. Faszinierend!

Aufgepasst: Teilweise sind die Antworten sehr lustig. Das ist ein untrügliches Zeichen, dass Sie «Kontakt» haben.

Einmal hatte ich die Erde gefragt: «Bist du da?» Sie antwortete: «Ja, unter dir!»

Aber Achtung:

Sie haben einen persönlichen Filter. Sie erhalten nur Botschaften innerhalb Ihrer Überzeugungen und Ihres existierenden Glaubenssystems.

Wenn Sie beispielsweise fest daran glauben, dass es ein Fegefeuer gibt, dann wird Ihnen dieser Glaube *nicht* genommen, auch wenn Sie mit Gott sprechen. Nur wenn Sie über das Fegfeuer keinen festen Glauben haben, dann kann Ihnen Klarheit gegeben werden.[1] Ihr tiefer Glaube wird niemals zerstört. Sie erfahren keine Botschaft, die Ihnen Schmerzen bereiten würde, Sie werden nur dort mit dem Licht der Wahrheit beleuchtet, wo die Türe von Ihnen schon geöffnet wurde.

Joseph Smith, der Gründer der Mormonen, konnte nur Botschaften innerhalb seiner bestehenden christlichen Überzeugungen empfangen. Mohammed, der Gründer des Islam, konnte nur Botschaften innerhalb seiner staatsmoralischen und ethischen Überzeugungen empfangen. Do-

---

1   Ein Fegefeuer gibt es in der ultimativen Realität nicht!

nald Walsch, der Autor der Bücher «Gespräche mit Gott», konnte nur Botschaften innerhalb seiner liberalen Überzeugungen empfangen. Bei Donald Walsch waren allerdings viele Türen für das Licht der ultimativen Wahrheiten offen.

Aus dieser Tatsache leitet sich eine weitere Regel ab:
Jede Offenbarung gilt nur für *den* Menschen, der sie empfangen hat, zu dem Zeitpunkt, zu dem er sie empfangen hat. Einen Tag später kann für denselben Menschen schon eine andere Wahrheit gelten. Keine Offenbarung darf daher zu einer abgeschlossenen Lehre oder zu einer Organisationsgründung, die dann eine irgendwie geartete «Wahrheit» *für alle* verkündet, hergenommen werden.

Perspektivenwechsel: Siehst du, wie einfach das ist?

Wenn Sie eine große Aufgabe vor sich haben: das Büro endlich aufräumen, die 40-seitige Klageschrift eines Geschäftspartners endlich zu lesen, ein Buch zu schreiben beginnen ... dann sagen Sie sich ein hochwirksames Mantra, das Ihre geistigen Helfer sofort aktiviert. Das Mantra heißt:

«Siehst du, wie einfach das ist!»

Das wirkt bei allem, was Ihnen als Last vorkommt, und bei allem, was Ihnen Stress verursacht.

Sie müssen in zwei Stunden Ihre Rede halten, dann sagen Sie sich «Siehst du, wie einfach das ist!» Sie wollen dem Kunden gegenüber noch die unangenehme Tatsache erwähnen, dass er für nachträgliche Mehrleistungen auch mehr bezahlen muss, sagen Sie sich «Siehst du, wie einfach das ist!» Sie wollen eine hübsche Frau in der Fußgängerzone ansprechen, sind aber nervös, dann sagen Sie sich «Siehst du, wie einfach das ist!» Sie wollen dieses unangenehme Telefonat führen, also sagen Sie sich «Siehst du, wie einfach das ist!»

Ihr Körper und Ihr Geist werden durch diesen Satz nicht nur auf Entspannung gesetzt, sondern Sie werden erstaunt feststellen, dass Ihnen die Sache auch wirklich einfacher von der Hand geht. Es ist faszinierend!

Sie geben damit eine Anweisung an Ihre geistigen Helfer. (Und wenn Sie an geistige Helfer nicht glauben wollen, dann stellen Sie sich vor, Sie programmieren durch diesen Satz Ihre tiefere Bewusstseinsschicht.) Das klappt in allen Situationen, die Stress erzeugen, wenn Ihnen etwas unangenehm erscheint oder wenn Ihnen die Arbeit wie ein unüberwindlicher Berg vorkommt.

«Siehst du, wie einfach das ist» ist eine tiefe, spirituelle Wahrheit für Ihr ganzes Leben – Ihr Leben ist wirklich einfach, Sie erkennen es nur noch nicht.

Elternschaft
und spirituelles Wachstum

Was man bei Familien beobachten kann ist, dass Menschen mit einer Familie ständig mit irgendwelchen Aufgaben beschäftigt sind. Die Gesellschaft bestärkt uns in dem Glauben, dass wir dabei mit etwas «Höherem» beschäftigt sind, und so denken wir über die tieferen Fragen des Lebens fast nicht mehr nach. Vor allem wird die Sinnhaftigkeit von Familie nicht in die zu hinterfragenden Lebensinhalte mit aufgenommen. Im Allgemeinen lenkt uns eine Familie ab. Wir sind zu 90% nur noch mit der Selbstorganisation der Familie beschäftigt. Wir denken nicht mehr radikal über das nach, was wirklich wichtig ist. Wir haben ja «eine Aufgabe». Selbst wenn wir nachdenken und zu Ergebnissen kommen, dann handeln wir nicht, weil «wir Verpflichtungen haben».

Dass Sie sich in einen Partner *verliebt* haben, ist keine spirituelle Leistung. Dass eine Mutter ihr Kind vergöttert, ist keine spirituelle Leistung.

Beides gibt eine instinktgesteuerte Befriedigung, die nicht über den Menschen hinaus weist. So wie beim Orgasmus. Er befriedigt für den Moment total. Er ist von der Natur gegeben, hält nur für ein paar Sekunden an und ist dann wieder vorbei. Die Befriedigung mit Kleinkindern ist auch von der Natur gegeben, die dauert zwar ein paar Jahre, ist dann aber auch wieder vorbei. Auch dadurch kann kein tiefes «Glück» entstehen.

Die heile Familienwelt

Kinder sind so unschuldig, ohne Vorurteile, so putzig, sie machen sich Gedanken um nichts, sie leben immer im Moment ... die Erlebniswelt der Kinder ist eine heile Welt.

Eltern glauben, weil sie ihre Kleinkinder so erleben, wären auch sie als Eltern und die ganze Familie in einer heilen Welt gelandet. Das ist eine Illusion: Sie sind *Beobachter* einer heilen Welt, aber sie sind nicht Teil dieser heilen Welt.

Diese unschuldigen, gedankenlosen Kinder erlauben uns anzunehmen, dass alles drum herum auch «heil» wäre. Aber die Familien *sind* nicht heil. Das ist beobachtbar.

Die heile, idyllische Familie ist eine schöne, von der Gesellschaft gestützte Illusion.

Was im Kern von einer durchschnittlichen «heilen» Familie übrig bleibt, sehen Sie immer dann, wenn eine Erbschaft innerhalb der Familie aufgeteilt werden soll. Da wird meistens für alle sichtbar, wie die Illusion der «Blutsbande» für immer auseinanderbricht. Aber sie war vorher schon nur virtuell.

Ihre Welt wird nicht durch *Kinder* zu einer heilen Welt gemacht, sondern nur durch den Glücksdurchbruch. Nichts kann Ihnen ersparen, sich SELBST zu heilen, erst dann ist auch die Welt um Sie herum automatisch heil.

Kinder halten jung

«Kinder halten jung» ist eine der vielen kulturelle Lebenslügen. Ich schaue meine Eltern an, und ich beobachte nicht, dass sie im Geiste oder im Verhalten jung geblieben sind. Ich schaue auf all die kontrollierten, sorgenvollen Geschäftsleute am Morgen im Flugzeug, die meistens Kinder haben, und ich beobachte nicht, dass sie im Geiste oder im Verhalten jung geblieben sind.

Ich schaue mich überall um, sehe diejenigen, die Kinder haben, und stelle fest, dass Kinder zu haben *nicht* jung hält.

Eines Tages sagte mir ein Teilnehmer eines meiner Seminare: «Aber nein, Herr Pöhm, Kinder halten *jung*. Ich zum Beispiel gehe mit meinem Jungen Zelten – da bin ich wieder Kind».

Das klingt zunächst gut und logisch, doch dahinter steckt ein Überlegungsfehler. Wenn Sie mit Ihrem siebenjährigen Sprössling zelten, sind Sie nicht Kind, Sie *beobachten,* wie jemand Kind ist. Sie haben nicht Freude am Zelten, sondern Freude, wie jemand *anderes* Freude am Zelten hat.

Sie würden jung und unbeschwert sein, wenn Sie mit einem, sagen wir, 17-jährigen, der *nicht* aus Ihrer Familie ist, mit Spaß und Freude zelten würden. Dazu haben Sie aber keinen Mut, und Sie fürchten, was andere von Ihnen denken könnten.

(Sie sind nicht so alt, wie Sie sich *fühlen*, Sie sind so alt, wie Sie sich *benehmen*!)

Mit Ihrem eigenen Kind erleben nicht *Sie* unbeschwertes Zelten, sondern Sie sind *Beobachter* von jemand, der unbeschwertes Zelten erlebt.

Diejenigen, die Kinder haben, *beobachten*, wie jemand Jungsein erfährt. Sie *erfahren* es nicht selber, sie beobachten es nur.

Das gleicht einer Person, deren monotone Alltags-Routine kein Abenteuer mehr enthält, die aber regelmäßig im Kino Abenteuerfilme anschaut und behauptet: Mein Leben ist abenteuerlich.

Midlife Crisis

Midlife Crisis kommt nur, wenn Sie Kinder haben und/oder zu lange mit derselben Frau / demselben Mann zusammengelebt haben. Das ist beobachtbar. Ich lade Sie ein, darüber einmal nachzudenken.

Wir ändern aber nicht unsere Glaubenssätze darüber, was angeblich zum Glücklich sein führt: «Wir sind dafür gemacht, mit dem ‹richtigen› Partner bis zum Lebensende zu leben» oder «Unsere Aufgabe in dieser Welt ist es Kinder zu haben – sie bringen Befriedigung und Glück».

Midlife Crisis bedeutet: Da bricht eine Lebenslüge zusammen!
Wenn eine Selbstlüge stirbt, ist es immer gut.

Menschen im Glücksdurchbruch und Kinder

Bevor ich Ihnen im hinteren Teil des Buches beschreibe, was genau der Glücksdurchbruch ist, möchte ich Sie darauf hinweisen, dass es auf diesem Planeten immer Menschen gegeben hat und gibt, die im Glücksdurchbruch leben.

Es ist feststellbar, dass kaum einer dieser Menschen nach dem Glücksdurchbruch geheiratet hat, und es noch viel seltener, dass einer dieser Meister nach dem Glücksdurchbruch Kinder gezeugt hat.

Erstaunlicherweise lassen viele Menschen im Glücksdurchbruch in ihren Büchern und Reden das Thema Familie erst einmal aus. Das scheint selbst bei ihnen noch ein Tabu-Thema zu sein. Vielleicht wollen sie die Zuhörer nicht zu sehr über deren emotionale Lebensgrundlage enttäuschen. Sie reden höchstens einmal allgemein von der Gefährlichkeit von «Gruppenidentifikationen», aber dann, bei den erwähnten Gruppen-*Beispielen,* wird die Familie meistens nicht mit aufgezählt. Es gibt aber eine Ausnahme: Jiddu Krishnamurti!

Krishnamurti ist ein aus Indien stammender durchgebrochener Meister, der in Europa und Amerika gelehrt hat. Seine Vorträge wurden oft von mehreren tausend Menschen besucht, bis er 1986 gestorben ist.

Hier einige Zitate aus seinen Reden:

Krishnamurti Buch «Du bist die Welt»: S. 154:
«Alles in der Welt, wie es jetzt ist, Gesellschaft, Familie, Eltern, Kinder – sie haben keine Liebe.»

Krishnamurti Buch «Du bist die Welt»:S. 101:
«Die Familie schafft Trennung und Abgrenzung, was unweigerlich zu Konflikten führt.»

Krishnamurti Buch «Du bist die Welt»: S. 114:
«Um die Familie haben wir den wunderbaren Kreis gezogen, der sie gegen den Rest der Welt zum Kampf antreten lässt.»

Krishnamurti Buch «Einbruch in die Freiheit» S. 96:
«Die meisten Menschen identifizieren sich mit etwas – mit ihrer Familie, mit ihrem Ehemann oder ihrer Ehefrau, ihrer Nation – und das führt zu großem Elend und schrecklichen Kriegen.»

Krishnamurti Buch «Über Leben und Sterben». S. 111:
«Die Familie zerstört. Sie ist etwas Tödliches, denn sie ist ein Teil der Gesellschaftstruktur, die das Individuum fesselt.»

Krishnamurti Buch «Einbruch in die Freiheit» S. 94:
«... Familie, diese hässliche, abgekapselte Einheit ...»

Ist Rauchen falsch?

Ich möchte Sie darauf hinweisen, dass ich kein *Urteil* über Kinder und Familie gefällt habe, ich habe Ihnen nur Beobachtungen geliefert.

Kinder zu haben ist weder gut noch schlecht, weder richtig noch falsch!

Auch Rauchen, wie alles Verhalten in dieser Welt, ist weder richtig noch falsch. Rauchen ist Rauchen; so wie Autofahren, Singen oder Extremsport auch weder richtig noch falsch ist. Aber es gibt beobachtbare Phänomene: Das beobachtbare Phänomen beim Rauchen ist ein Geruch, den man in den Kleidern wahrnehmen kann, eine älter aussehende Haut und eine verdreifachte Wahrscheinlichkeit von Lungenkrebs.

Jetzt kann ich entscheiden: Will ich rauchen, ja oder nein?

Rauchen ist deswegen nach wie vor weder richtig noch falsch.

In den 70er Jahren gab es den kollektiven Glauben unter den Rauchern, dass Rauchen *kein* gesundheitliches Risiko bedeute, einen Glauben, der die beobachtbaren Phänomene des Rauchens verleugnete. Man ignorierte es einfach und log sich selbst an. Heute, nach hunderten von Studien und mit den Warnaufdrucken auf den Zigarettenschachteln, ist diese Selbstlüge über die beobachtbaren Phänomene von Rauchen nur mehr schlecht aufrecht zu erhalten. Obwohl es früher wie heute Ausnahmen wie Altkanzler Helmut Schmidt gibt, der als Dauerraucher das 90ste Lebensjahr überschritten hat. Die Prinzip-Aussage über die Phänomene von Rauchen bleibt jedoch, trotz der Ausnahmen, gültig.

Genauso ist es im Moment beim Thema Heiraten und Kinder. Wir leben da in den 70ern: Wir behaupten, Kinder machen glücklich, und verleugnen die beobachtbaren Phänomene. Wir ignorieren sie einfach und lügen uns selbst an. Sie können natürlich trotz Kindern dieses tiefe, spirituelle Glück erreichen, aber solange Ihre Kinder noch einen Teil Ihrer Identifikation darstellen, solange Sie in Kinder Ihr Lebensglück hineinprojizieren, solange wird es exponentiell unwahrscheinlicher.

Kinder, wie sieht die Lösung aus?

Werden Sie sich klar darüber, ob Sie wirklich Kinder wollen. Wenn Sie Zweifel haben, dann wollen Sie wahrscheinlich keine. Genauso, wie es völlig OK ist, Kinder haben zu wollen, ist es völlig OK, *keine* Kinder haben zu wollen.

Erkennen Sie, inwieweit Sie nur die Erwartungen ihrer Eltern, Religion, Partner, Freundeskreis, Gesellschaft ... für sich übernommen haben.

Machen Sie sich klar, dass Ihr tieferes Glück darin nicht gefunden werden kann. Es gibt Ihnen auch keinen SINN im Leben, denn das Leben hat keinen Sinn, den man an irgendeinem Objekt festmachen könnte. Familie ist, genauso wie Erfolg, Ruhm und Wohlstand, nur ein gedankliches Objekt.

Wenn Sie dann doch Kinder haben wollen, dann ist das natürlich OK. Seien Sie sich aber klar darüber, was Sie damit maximal wirklich erreichen.

Ich will noch einmal betonen, dass ich nirgends gesagt habe, dass Kinder zu haben etwas Schlechtes wäre. Denn das ist es sicherlich nicht! Genauso, wie genussreiches Essen weder schlecht noch gut ist, ist auch «Kinder haben» weder schlecht noch gut. Aber genussreiches Essen wird Sie nicht glücklich machen.

Und Sie sollen sich klar darüber sein, dass die Projektionen, die man Ihnen für das «Kinder haben» übermittelt hat, nicht stimmen.

Der Kinderwunsch, mit all seinen Projektionen, bringt Sie weiter weg vom Glücksdurchbruch, statt näher hinzu!

Wir sind auf dieser Welt, um uns und die Welt zu heilen. Wir sind *nicht* auf dieser Welt, um Kinder zu erschaffen, die uns und die Welt heilen.

Perspektivenwechsel: Die da oben!

Wir leben in einer Welt, in der alles beseelt ist. Jenseits der materiellen Welt gibt es noch einmal eine millionenfach größere Anzahl an Wesen, die nicht mit der Materie verbunden sind.

Wir haben den Sensor verloren, diese Wesen wahrzunehmen. Sie sind aber da. Sie sind ständig um uns herum, und sie haben viel Freude an uns.

Nur weil Sie, lieber Leser, Ziele und Pläne haben, nur weil Sie denken, dass Sie etwas falsch machen können, erleben Sie Enttäuschung und Ärger. Aber das ist alles erfunden und nicht wahr, und die da oben sehen das nur allzu deutlich. Die wissen, dass Sie nichts falsch machen können, die wissen, dass keiner Ihrer Pläne notwendig ist.

Wenn Ihnen etwas schief geht oder etwas passiert, von dem Sie enttäuscht sind, dann müssen Sie wissen, dass das nur diese Wesen sind, die das absichtlich arrangiert haben, um Ihnen klar zu machen, dass es sie gibt. Sie lachen jedesmal liebenswert und aus vollem Herzen, wenn Sie aus nichtigem Anlass negative Gefühle empfinden. JEDER Anlass ist nichtig.

Wenn etwas herunter fällt, wenn einer sich so Ihnen gegenüber verhält, dass Sie enttäuscht sind, wenn Sie einen (scheinbaren) Verlust erleben, wenn irgendetwas schief geht, ist das nur eine Art von denen da oben zu sagen «wir sind hier». Lächeln Sie!

Das ist der einzige Grund, weshalb Ihnen etwas scheinbar „Negatives" passiert.

Eine darüber hinausgehende Bedeutung gibt es nicht.

Gedanken und Gefühle

Wenn man fragen würde, warum die Menschen in mein Rhetorikseminar kommen, dann lautete die erste Antwort in etwa so: «Ich möchte besser vor Publikum reden können.» Darauf die nächste Frage: «Warum wollen Sie besser reden können?» Antwort: «Damit ich die Menschen leichter von meinem Anliegen überzeugen kann.» Darauf die nächste Frage: «Und warum wollen Sie die Menschen leichter von Ihrem Anliegen überzeugen?» Antwort: «Dann komme ich schneller zu meinem gewünschten Ergebnis» Frage: «Warum wollen Sie schneller zu Ihrem gewünschten Ergebnis kommen?» Antwort: «Dann werde ich erfolgreicher in meiner Arbeit.» Frage: «Warum wollen Sie erfolgreich in Ihrer Arbeit werden?» Antwort: «Die Leute schauen dann zu mir auf.» Frage: «Warum wollen Sie, dass die Leute zu Ihnen aufschauen?» Antwort: «Dann fühle ich mich besser!»

Hinter allem, was Sie tun, wenn Sie lang genug nachfragen, werden Sie am Ende immer dieselbe Antwort bekommen: Alles, was Sie tun im Leben, tun Sie, weil Sie erhoffen, in letzter Konsequenz etwas an Ihren Gefühlen zu verbessern. Sie wollen keine Dinge, Sie wollen gute Gefühle!

Das Problem ist: Wenn Sie die Dinge *haben*, die Sie sich wünschen, haben Sie diese Gefühle nur für sehr kurze Zeit! Nach Minuten, manchmal nach Stunden, manchmal nach Tagen, spätestens nach Wochen ist das Gefühl fast restlos verpufft. Und Sie haben vielleicht Ihr halbes Leben für die Erreichung dieses «Dings» geopfert.

Dann haben Sie aber noch das Phänomen der *schlechten* Gefühle. Angst, Eifersucht, Stress, Enttäuschung, Ärger. Die versuchen Sie parallel dazu mit allen Mitteln zu vermeiden.
Wir wissen aus Erfahrung: Keine noch so gute «Glückssträhne» kann das Auftreten schlechter Gefühle verhin-

dern. So rennen wir ständig im Hamsterrad, um gute Gefühls-Anlässe zu erschaffen, und hauen gleichzeitig mit der Schaufel auf die flächenbrandartigen Negativ-Gefühls-Feuer, die immer wieder aufflammen.

Spirituelle Übung: Verbrennen Sie Ihre Gefühle

Es gibt eine Möglichkeit, wie Sie nachträglich negative Gefühle verbrennen können. Dies gilt für alle Arten von Gefühlen ob Scham, Enttäuschung, Wut, Trauer ... oder was auch immer.

Nehmen wir an, Sie sind enttäuscht worden. Jemand, der Ihnen nahe steht, hat Ihnen versprochen, dass er Ihnen in einer Notsituation hilft. Jetzt ist die Notsituation eingetreten, Sie haben diese Personen um Hilfe gebeten, aber Sie haben nur Ausreden gehört.

Jetzt geht es darum, dass Sie vor Ihren Gefühlen nicht mehr weglaufen. Der Kern dieser Vorgehensweise ist, dass Sie Ihre Gefühle, so wie sie sind, voll annehmen. Und durch das widerstandlose Annehmen verbrennen Ihre Gefühle.

Sie setzen sich hin und lassen in Gedanken dieses Gefühl der Enttäuschung noch einmal hochkommen. Sie konzentrieren sich nur auf dieses Gefühl. Sie versuchen, nicht zu kommentieren, nicht wegzulaufen, sondern dieses Gefühl einfach gedankenlos durch-zuerleben. Sie denken also an die Enttäuschung und gehen einfach ins Zentrum dieses Gefühls und halten es aus – ohne jeglichen gedanklichen Kommentar. Sie werden erstaunt feststellen, dass dieses Gefühl irgendwann nachlässt – es verbrennt.

Wenn das Gefühl in seiner Intensität verbrannt ist, sind Sie aber noch nicht für immer davon befreit. Sie gehen jetzt ein zweites Mal in diese Enttäuschung hinein. Wieder halten Sie es aus, wieder gehen Sie ins Zentrum des Gefühls ohne

Fluchtversuche, wieder bleiben Sie kommentarlos, wieder gehen Sie durch das Gefühl hindurch ... bis es auch diesmal wieder abklingt.

Das machen Sie so oft, bis Sie Schwierigkeiten empfinden, dieses Gefühl überhaupt nur wieder zu erzeugen. Es kann sein, dass es bis zu zehn oder zwanzig Mal dauert, aber irgendwann kann Ihnen die Situation nichts mehr anhaben.

Diese Vorgehensweise ist wichtig, wenn Sie Menschen vergeben wollen.

Sie können niemandem vergeben, ohne sich selbst vergeben zu haben. Vergebung braucht die innere Realität, dass der Vorgang, die Tat, die Beleidigung, die Verletzung bei Ihnen nichts mehr auslöst. Sonst ist es ein Fassadenspiel.

Gehen Sie die negative Situation so lange durch, bis Sie Schwierigkeiten haben, dieses Gefühl noch einmal zu erzeugen. Achtung, das kann eventuell Wochen dauern. Aber jetzt haben Sie sich selbst vergeben für Ihr Gefühl. Jetzt können Sie auch dem anderen seine Tat vergeben. Schließen Sie ab mit dem Gedanken «ich verzeihe dir».

(Im Glücksdurchbruch brauchen Sie nichts mehr zu vergeben, denn es gibt nichts mehr, was vergeben werden müsste, und da ist auch niemand, dem man etwas vergeben müsste.)

Spirituelle Übung: Erkennen Sie den Frieden hinter den Gefühlen

Anstatt die Gefühle zu verbrennen, gibt es auch eine andere Möglichkeit, seine Gefühle zum eigenen spirituellen Fortschritt zu nutzen. Wie beim Verbrennen gehen Sie wieder in die Situation, die das negative Gefühl verursacht hat. Auch diesmal bleiben Sie im Gefühl, ohne davonzulaufen. Lassen Sie es einfach in aller Heftigkeit über sich ergehen.

Jetzt untersuchen Sie dieses Gefühl und schauen, was *dahinter* ist. Sie fragen sich: wo im Körper spüre ich dieses Gefühl? Welche Realität ist hinter diesem Gefühl? Wo kommt es her? Ist hinter diesem Gefühl eine Realität? Was ist hinter dem Gefühl?

Wenn Sie diese Übung aufmerksam genug machen, wenn Sie feststellen, dass hinter dem Gefühl nichts ist. Sie erkennen, dass dahinter Leere ist, ein leerer Raum, Stille, Frieden.

Erleben Sie Ihre negativen Gefühle so lange, bis Sie erkennen, dass dahinter Frieden ist.

Perspektivenwechsel: Die Biochemie von Gefühlen

Hier eine Methode, wie Sie nicht nur jedes Gefühl in der Vergangenheitsbetrachtung eliminieren können, sondern auch, *während* das Gefühl in Ihnen entsteht.

Jedes Ihrer Gefühle löst in Ihrem Körper eine biochemische Reaktion aus. Das können Sie selber überprüfen bei einem Schock. Nehmen wir an, Sie laufen an einem eingezäunten Grundstück entlang. Plötzlich werden Sie durch einen direkt neben Ihnen bellenden, geifernden Hund aus Ihren Gedanken gerissen. Der Hund ist groß, er ist hinter dem Zaun, aber er fletscht Sie voller Aggressivität an. Jetzt konzentrieren Sie sich einmal auf Ihren Körper. Sie werden erleben, dass dort tausende von Vorgängen gleichzeitig abgelaufen sind. Sie spüren, wie es in Ihnen heiß geworden ist, das Herz rast, die Kopfhaut hat sich zusammengezogen, am Unterarm haben Sie Gänsehaut, in Ihren Blutbahnen pulsiert es, Sie sind hellwach.

Es ist für Sie in so einer Schocksituation sehr einfach fühlbar, wie explosionsartig biochemische Botenstoffe in Ihre Blutlaufbahn geschickt wurden.

Diese Reaktion passiert nicht nur bei Schock, sondern bei *jeder* Art von Gefühlen. Jedes Ihrer Gefühle hat eine spezielle biochemische Reaktion zur Folge. Wenn Sie sich ärgern, werden andere Botenstoffe explosionsartig in die Blutbahn gesendet, als wenn Sie enttäuscht sind oder wenn Sie Stress empfinden oder wenn Sie eifersüchtig sind.

Jetzt machen Sie ein Spiel daraus. Spielen Sie Wissenschaftler, der die biochemischen Reaktionen in seinem Körper erforschen will: Jedes Mal, wenn sie irgendein negatives Gefühl empfinden, konzentrieren Sie sich darauf, welche biochemische Reaktion in Ihrem Körper abläuft. Es ist wirklich hochspannend zu erleben, was da passiert. Und jetzt das Geheimnis:

Sobald Sie sich auf Ihre Körperreaktion konzentrieren, werden Sie erstaunt feststellen, dass das Gefühl verschwindet.

Nehmen wir an, Sie sind ein Mensch, der immer schon gerne fließend mit fast unhörbarem Akzent Englisch reden wollte. Eines Tages erleben Sie einen Kollegen, wie er am Telefon mit Amerika spricht. Sein Englisch ist um Längen besser als Sie es je hinbekommen würden. Neid steigt auf.

- - -

Jetzt sagen Sie Stopp und schauen in Ihren Körper hinein. Welche biochemische Reaktion können Sie feststellen. Wie fühlt sich das an, neidisch zu sein? Ist da Wärme in bestimmten Regionen, zieht sich die Haut zusammen, verkrampft sich der Bauch, ist da leichtes Zittern in den Händen ... spannend, spannend, spannend, was Ihr Körper da alles vollbringt! Wenn Sie aufmerksam genug auf Ihren Körper schauen, werden Sie irgendwann feststellen, dass Ihr Neidgefühl verschwunden ist.

Was Sie im Kern da eigentlich tun, ist, dass Sie sich entidentifizieren. Sie haben über den Trick der biochemischen Erforschung sich vom Erleber zum Beobachter gemacht.

Sie *sind* nicht mehr neidisch, enttäuscht oder traurig ... Sie *beobachten*, was der Körper bei Neid, Enttäuschung oder Trauer tut.

Diese Übung können Sie genauso gut in der Vergangenheitsbetrachtung machen.

Erinnern Sie sich an eine Situation, in der Sie sich geärgert haben, enttäuscht oder beleidigt waren ... oder sonst ein negatives Gefühl empfunden haben. Sobald Sie dieses Gefühl wieder empfinden, konzentrieren Sie sich auf die biochemische Reaktion im Körper. Sie werden erstaunt feststellen, dass das Gefühl nachlässt oder sogar verschwindet.

Alle negativen Situationen im Leben passieren Ihnen nur deswegen, damit Sie diese Übung mit der biochemischen Erforschung machen können. Eine darüber hinausgehende Bedeutung gibt es nicht.

Perspektivenwechsel: Schauspielern Sie Ihre Gefühle

Ist Ihnen einmal aufgefallen, dass es Menschen gibt, die rot werden, aber irgendwie süß dabei sind? Man freut sich fast über sie. Es ist uns überhaupt nicht unangenehm, das beobachten zu müssen. Da gibt es aber andere Menschen, die werden rot, und man spürt genau, dass sie innerlich tief leiden. Es ist unangenehm für uns, das beobachten zu müssen.

Genauso ist es bei der Beobachtung von Ärger. Da gibt es Menschen, die sich ärgern und dabei so übertrieben in ihrer Rolle sind, dass man fast schmunzeln muss. Da gibt es aber andere Menschen, die sich ärgern, und man spürt genau, dass sie innerlich leiden. Die Grundfesten ihrer Persönlichkeit sind angetastet. Es ist unangenehm, das beobachten zu müssen.

So ist es mit jedem negativen Gefühl. Trauer, Ärger, Stress, Enttäuschung. Wenn Sie ein Kind bis fünf Jahre sehen, das sich ärgert, das enttäuscht oder das traurig ist, werden Sie niemals innerliches Leiden feststellen. Es ist für uns als Beobachter niemals unangenehm, das beobachten zu müssen.

Genauso ist es bei Zeichentrickfilmen. Wenn Sie dort eine Mickymaus oder eine Prinzen sehen, die wütend ist, dann ist das immer so übertrieben, so ohne inneres Leiden, dass wir schmunzeln müssen. Dasselbe gilt für Ärger, für Scham, für Wut … und jede beliebige Emotion. Emotionen in Cartoon-Filmen sind niemals unangenehm anzuschauen. Emotionen in Cartoon Filmen sind immer so übertrieben, dass wir genau spüren, dass sie ohne inneres Leid sind.

Hier ein interessantes Phänomen aus dem Bereich der Schauspielerei:

Wenn jemand etwas peinlich wird und er erlebt diesen zweiten Zustand der Peinlichkeit, diejenige Peinlichkeit, die wirklich die Grundfesten seiner Persönlichkeit antastet, diejenige Peinlichkeit, die ihn völlig bloßstellt und bei der er sich nackt vorkommt, diejenige Peinlichkeit, die uns selber weh tut zu beobachten, dann ist kein Schauspieler dieser Welt in der Lage, diese Art von Peinlichkeit zu spielen.

Schauspieler sind nur in der Lage, Emotionen des ersten Zustands, Emotionen ohne inneres Leiden zu spielen. Achten Sie einmal darauf, wenn Sie einen Film anschauen.

Die Grundfesten ihrer Persönlichkeit sind durch egal welche gespielte Emotion niemals gefährdet, denn die *Identität* des schauspielenden Menschen ist nicht in Gefahr.

Dies ist bei uns normalen Menschen anders. Bei uns gehen die Emotionen an die Substanz, denn sie gefährden denjenigen, der wir glauben zu sein, sie gefährden unsere *Identität*. Und jetzt kommt eine gigantische Möglichkeit, wie Sie dieses Phänomen für Ihre eigenen Emotionen ausnutzen können.

Werden Sie Schauspieler Ihrer eigenen Gefühle.

Immer dann, wenn eine befürchtete negative Emotion aufsteigt, dann nehmen Sie diese Emotion aktiv auf und gehen sie schauspielerisch leicht übertreiben an. Sie spielen diese Emotion aktiv, anstatt sie passiv zu erleiden. Und Sie werden frei vom Leiden.

Nehmen wir an, Sie stehen allein in einem Hotel-Aufzug. Unerwartet bleibt der Aufzug an einem Stockwerk stehen und herein kommt der Gast, mit dem Sie am Morgen am Frühstückstisch ein paar belanglose Worte gewechselt haben. Sie wissen, Sie müssen noch vier Stockwerke fahren. Ihr Hirn geht in eine Art Angstzustand vor der Gesprächslosigkeit, die jetzt auftreten könnte. Sie spüren, dass Verlegenheit aufkommen will. Jetzt denken Sie an einen Schauspieler, der so eine Verlegenheit, der so eine Ängstlichkeit spielen soll. Sie fangen an, Ihre eigene Verlegenheit und Ängstlichkeit ein bisschen weiter nach außen zu kehren ... und ob Ihnen jetzt ein Gesprächsstoff einfällt oder nicht, wird plötzlich zweitrangig. Denn die Situation hat die Hauptaufgabe bekommen, dass Sie ein Gefühl *schauspielern* sollen. Das Gefühl hat seinen Stachel verloren. Sie haben sich ent-identifiziert.

Ein weiteres Beispiel. Sie sollen eine Rede vor 20 Menschen halten. Sie fühlen sich nervös und unsicher. Jetzt denken Sie wieder an den Schauspieler, der so einen nervösen Menschen spielen soll. Kehren Sie die Nervosität wieder ein Stückchen weiter nach außen, spielen Sie Ihre Nervosität ein bisschen mehr, als sie tatsächlich da ist. Das Gefühl hat seinen Stachel verloren. Sie haben sich ent-identifiziert.

Und das machen Sie mit all Ihren negativen Emotionen im Leben.
Damit das klappt, ist es wichtig, dass Sie nur *ganz leicht* in die Übertreibung gehen. Probieren Sie›s ein paarmal aus, bis Sie ein Gespür dafür entwickeln, wo das Idealmaß liegt. Alle negativen Situationen im Leben passieren Ihnen nur deswegen, damit Sie diese Übung mit der schauspieleri-

schen Imitation machen können. Eine darüber hinausgehende Bedeutung gibt es nicht.

Nichts im Leben hat eine Bedeutung, außer der, Ihnen die Möglichkeit zu bieten, den Glücksdurchbruch zu schaffen. Alle Dinge und Ereignisse sind bedeutungslos.

Wie entstehen Gefühle

Ich habe mir eines Tages die Frage gestellt: Wie entstehen Gefühle? Und ich bin durch Selbstbeobachtung auf eine erstaunliche Feststellung gekommen.

Ich lief im Sommer am Züricher Limmat Ufer entlang. Ich sah zwei junge Frauen in einem Strassencafé sitzen. Ich ging auf sie zu, um sie anzusprechen und mit ihnen zu flirten. Der Flirt endete mit einem Reinfall. Am Ende von ein paar Sätzen sagte mir das eine Mädchen: «Lass uns in Ruhe, du störst!»
Ein Stich im Herz – ein Gefühl der Minderwertigkeit. Geschlagen lief ich davon. Selbst nach 10 Minuten ließ mich das «Desaster» noch nicht los. Irgendwann fragte ich mich, warum ich mich eigentlich so schlecht fühlte? Ich wollte plötzlich wissen, was zuerst da war: War das Gefühl zuerst da und dann kamen die Gedanken oder waren zuerst die Gedanken da und dann das Gefühl?
Ich setzte mich auf eine Mauer und ließ das Erlebnis noch einmal Revue passieren. Immer und immer wieder ließ ich in Gedanken das Mädchen den Text sprechen «Lass uns in Ruhe, du störst!»
Immer wieder kam dieses Gefühl auf. Ich konzentrierte mich auf die Gedanken. Ist da ein *eigener* Gedanke vor dem Gefühl oder ist das Gefühl zuerst da?
Und nach dem 10ten, 12ten Mal hatte ich es eindeutig festgestellt:

Zuerst war da ein eigener Gedanke, und danach erst kam das Gefühl der Minderwertigkeit. Der Gedanke war «Du bist nicht attraktiv genug, du bist ein Niemand, du bist es nicht wert», und dann erst habe ich mich minderwertig *gefühlt*.

Diesen Test können Sie selber durchführen. Durchleben Sie im Nachhinein noch einmal ein negatives Gefühl. Sie werden immer, ohne Ausnahme, zu diesem Ergebnis kommen:
Gefühle entstehen *nicht* durch Ereignisse, sondern Gefühle entstehen durch *Gedanken*. Es gibt *kein* Gefühl, das einfach so aus dem Nichts entsteht. Sie können das jederzeit durch Beobachtung Ihrer eigenen Gedanken feststellen. Das gilt im Positiven wie im Negativen!

Wenn Sie Höhenangst haben, dann ist diese Tatsache sehr einfach für Sie experimentell nachzuweisen. Gehen Sie auf einen hohen Turm und nähern Sie sich dem Geländer, bis die Angst kommt. Sie werden feststellen, dass Sie *zuerst* eine Vorstellung vom Fallen erzeugen und dann erst kommt die Angst. Ohne Gedanken – keine Angst.

Der Bus fährt Ihnen vor der Nase weg und Sie ärgern sich – das ist das Gefühl, das Sie wahrnehmen. Viele meinen, der Bus habe das negative Gefühl erzeugt. Das stimmt nicht. Als Sie den Bus haben wegfahren sehen, haben Sie einen *Gedanken* in Ihrem Kopf zugelassen: «Mist! Jetzt fährt der einfach vor meiner Nase weg. Der hätte doch auch stehenbleiben können. Jetzt muss ich eine halbe Stunde warten. Warum fährt er denn einfach vor meiner Nase weg??? Der Busfahrer, das Arschloch, respektiert mich nicht. Ich bin es nicht wert!»
So oder so ähnlich reden Sie mit sich. Und es ist erst dieses *Reden*, das Ihr Gefühl auslöst! Der verpasste Bus, ohne Ihr gedankliches Zutun, kann Ihnen gar nichts.
Sie können sich nicht schlecht fühlen, ohne dass Sie vorher schlecht mit sich geredet haben!

Noch einmal:
Sie können sich nicht schlecht fühlen, ohne dass Sie vorher schlecht mit sich geredet haben!

Aus dieser Erkenntnis ergibt sich jetzt eine phänomenale Lösung, wie Sie sich von Ihren negativen Gefühlen befreien können.

Ihr Gefühl wird nicht von der Situation erzeugt, sondern von den *Gedanken*, die Sie auf Grund der Situation denken. Das gilt für jedes Ihrer Gefühle: Neid, Ärger, Eifersucht, Angst, Enttäuschung, Trauer, Stress, Scham ...oder was auch immer.
Der Gedanke, den Sie nach einem Ereignis denken, ist immer ein Kommentar oder eine Beurteilung. Sie heften sich aufgrund des Ereignisses selber ein negatives Etikett an. Das machen SIE, das macht nichts und niemand von außen.

**Niemand kann Sie ärgern,
niemand kann Ihnen Probleme verursachen,
niemand kann Ihnen Leid zufügen ... außer Sie selber.
Sie selber mit Ihren kommentierenden Gedanken.**

Spirituelle Übung

Es gibt einen großen Unterschied zwischen Schmerz und Leid. Sie können ein Experiment mit sich selber machen, um dies zu erleben. Wenn Sie körperliche Schmerzen haben, ist das eine objektive Tatsache. Was vielen aber neu ist, ist die Tatsache, dass man deswegen nicht leiden muss. Leid ist ein Kommentar, den Sie in Gedanken geben, zu dem, «was ist.»

Bitte zwicken Sie sich, so fest Sie können, in Ihren Unterarm, bis Sie einen echten Schmerz empfinden. Stellen Sie sich vor, dieser Schmerz würde von einer anderen Person bei Ihnen erzeugt. Jetzt konzentrieren Sie sich bitte auf Ihre Gedanken. Im Normalfall beklagen Sie sich, Sie kommentieren sich als eine arme, benachteiligte Kreatur, Sie kommentieren sich als leidend. «Ich halt das nicht aus, das ist ja schlimm ...»

Und jetzt geben Sie sich den Befehl, jeglichen Kommentar sein zu lassen, einfach den Schmerz zuzulassen, wie er ist – gedankenfrei.

Sie werden erstaunt feststellen: Der Schmerz ist noch da, aber das Leiden ist verschwunden.

Das Bodhisattwa-Gelübde: Niemandem Leid zufügen

Ihre Gedanken und Ihre Gefühle sind verkettet. Zuerst kommt immer der Gedanke, erst dann kommt das Gefühl. Die Gedanken *erzeugen* die Gefühle.

Deswegen ist das Bodhisattwa-Gelübde der Buddhisten unerfüllbar.

Im Bodhisattwa-Gelübde wird von einem guten Buddhisten verlangt, niemandem mehr Leid zuzufügen. Das ist eine Verkennung der Welt, wie sie ist.

Leid wird immer beim Empfänger erzeugt, aber nicht beim Sender. Niemandem mehr Leid zuzufügen, kommt der Aufforderung gleich, sich so zu verhalten, dass sich niemand mehr über mich ärgern kann, dass niemand mehr enttäuscht von mir sein kann, dass sich niemand mehr wegen mir neidisch fühlen kann. Der Ärger, die Enttäuschung und der Neid werden immer beim Empfänger, aber nicht beim Sender erschaffen.

Versuchen Sie sich einmal so zu verhalten, dass NIEMAND von Ihnen enttäuscht werden kann.

Da gibt es beispielsweise den Inhaber des Müllentsorgungsunternehmens, das bei Ihnen die Altpapierabfuhr erledigt.

Als guter Buddhist abonniere ich mit dieser Einstellung zum Beispiel 20 Tageszeitungen, obwohl ich nur eine bräuchte, um extra viel Altpapier zu produzieren, weil der Müllentsorgungsunternehmer eventuell enttäuscht sein könnte, dass bei meinem Haus so wenig Altpapier steht. Erkennen Sie: Es ist unmöglich KEIN Leid zu produzieren. Sie können sich verhalten, wie Sie wollen, Sie können dadurch niemals die Gedanken beeinflussen, die sich irgendein Mensch zu Ihrem Verhalten machen will.

Leiden ist nichts als ein Gedanke, den jemand sich zu einem neutralen Ereignis macht. Und alle Ereignisse in dieser Welt sind neutral.

Noch einmal: Alle Ereignisse in dieser Welt sind neutral!

Der Rest wird in meinem Kopf erzeugt. Ich *mache* Leiden! Und nicht «Leiden wird von außen verursacht».

Niemand ist verantwortlich für die Misere, die ich erlebe. Die Misere mache ich immer, ohne Ausnahme, selber.

Diese Tatsache hat eine große Auswirkung auf einen Bereich, der für die Menschheit mit am meisten Leiden verursacht: Die romantische Partnerschaft.

Wir sind treu, weil der andere nicht wegen uns «leiden» soll. Wir alle erleben permanent, dass die physische Treue noch niemals verhindert hat, dass jemand eifersüchtig ist.

Jeder wiederholt gebetsmühlenartig das, was angeblich zu «gefühlsmäßiger Sicherheit» führen soll, aber niemand überprüft an seinem eigenen Erleben, ob dieses Konzept überhaupt funktioniert. Es funktioniert nicht. Es *kann* nicht funktionieren, weil es gegen den Funktionsmechanismus unseres Wesens gerichtet ist!

Selbst die Moslems, die ein Drittel der Vorschriften ihrer heiligen Schrift der Verhinderung dieses Gefühls gewidmet haben, konnten die Eifersucht dadurch nicht verhindern.

Wenn man die Gedanken-Gefühl-Kette verstanden hat, weiß man auch, warum.

Beziehungen mit dem gegen das Prinzip des Lebens gerichteten künstlichen Konzept der Treue können nicht zum Glück führen. Sie tun es auch nicht. Schauen Sie sich um, Sie sehen es überall! Wenn ein äußeres Gebot gegen einen inneren Wunsch steht, ist der innere Wunsch immer näher am Leben, immer höherwertig.

Noch einmal:

Wenn ein äußeres Gebot gegen einen inneren Wunsch steht, ist der innere Wunsch immer näher am Leben, immer höherwertig.

Das nicht erfüllbare Prinzip des «nicht Leiden verursachen Wollens» schafft immer Leiden – das sofortige, quälende, innere Leiden desjenigen, der versucht, sich entgegen seiner inneren Stimme äußerlich konform zu verhalten und in letzter Konsequenz auch das äußere Leiden des anderen, dem Sie «treu» sind. Weil auch er nicht wirklich glücklich werden kann, wenn ein anderer sich wegen ihm verbiegt und verleugnet. Alles in dieser Welt hängt zusammen – wir sind alle eins. Es kann nicht sein, dass irgendein Verhalten, das schlecht für den Einen ist, gut für den Anderen wäre. Das ist spirituell gar nicht möglich. Irgendwann wird auch das Leiden in derjenigen Person durchbrechen, der Sie entgegen Ihrer Sehnsucht treu gewesen sind.

Ihre eigentliche Angst ist gar nicht so sehr, dem anderen weh zu tun, sondern Ihre tiefere Angst ist, zu *sich selbst* zu stehen.

Die einzige Untreue, die von der spirituellen Warte aus existiert, ist die Untreue gegen sich selber. Die fühlbare Wahrheit in sich zu unterdrücken, ist die schlimmste Untreue, die es gibt. Und das machen die meisten.

Die drei Stufen der Selbstbeobachtung.

Sie sollen alles annehmen, «was ist». Das haben Sie wahrscheinlich schon einmal gehört. Aber für das, «was ist», gibt es drei Stufen. Das ist vielen Menschen nicht bewusst.

Ein Mann steht an einem Flussufer, und plötzlich sieht er einen Ertrinkenden im Fluss. Er springt hinein und rettet ihn mit letzter Kraft. Eine Stunde später, er kann seinen Augen nicht trauen, sieht er wieder einen Ertrinkenden. Er springt wieder in das Wasser und rettet auch diesen völlig erschöpft. Nach nur 20 Minuten sieht er wieder einen Ertrinkenden, und auch diesmal springt er hinein. Als er auch den dritten gerettet hat, legt er sich erschöpft auf die Wiese und sagt zu sich: «Ich bin so erschöpft, ich kann nicht mehr.» Ein alter Mann kommt des Weges und beobachtet ihn. Der erschöpfte Lebensretter fragt ihn: «Ich weiß, du bist alt, aber kannst du mir beim nächsten Mal helfen, die Menschen vorm Ertrinken zu retten?» Der alte Mann sagt: «Ich helfe dir, die Menschen vor dem Ertrinken zu retten, komm mit.» Er geht mit ihm flussaufwärts bis zu einer Brücke. Er stellt sich mit ihm auf die Brücke und repariert das Geländer, durch das die Menschen immer in den Fluss gefallen sind.

Die meisten Therapeuten, Helfer und selbst Menschen im Glücksdurchbruch kümmern sich nur um die ins Wasser Gefallenen. Sie kümmern sich um das letzte Ergebnis: die *Gefühle*. Sie sagen, beobachte deine Gefühle und akzeptiere sie. Das ist die dritte Stufe – das ist Gefühls-Rettung. Daran ist nichts verkehrt. (Das habe auch ich Ihnen im vorhergehenden Kapitel empfohlen.) Das Problem ist: Die Gefühle kommen immer wieder. Und jedes Mal müssen Sie retten – das wird erschöpfend.

Wer sich aber aufmerksam selbst beobachtet, der erkennt ohne Ausnahme, dass vor den Gefühlen eine *Ursa-*

che steht, und das sind die Gedanken. Sie müssen sich niemals damit abfinden, dass die Gefühle «einfach entstehen»: Ärger, Scham, Verletztheit, Eifersucht, Neid … das zu akzeptieren und zu lieben ist wunderbar, OK. Aber man kann verhindern, dass die Gefühle überhaupt entstehen. Jeder Mensch kann die Gedanken davor beobachten und *die* lieben. Das ist viel machtvoller. Denn die Gefühle kommen nicht so einfach aus dem Nichts, jeder *macht* seine Gefühle selber – über seine Gedanken. Lieben Sie Ihre Gedanken. Das ist die Stufe Zwei, die Ursache davor, und dann kommen die Gefühle erst gar nicht, vor denen man sich dann schützen will.

Und wer ein guter Beobachter ist, der erkennt, dass selbst vor den Gedanken noch einmal eine Ursache steht:

Es ist das *Ereignis*, das die Gedanken verursacht hat.

Das ist die Stufe Eins. Sie können das Ereignis aus vollem Herzen akzeptieren und lieben – völlig ohne Beurteilung, ohne Gedanken. Dann haben Sie am Ende der Kette keine negativen Gedanken und auch keine negativen Gefühle mehr, die Sie akzeptieren müssen. Das ist das Geländer Reparieren – das ist das Machtvollste. Es gibt keinen Ertrinkenden mehr, dem geholfen werden muss.

Es ist völlig OK, negative Emotionen zu haben. Aber Sie *müssen* sie nicht haben – das ist für viele neu.

Warum sollten Sie etwas behalten, das Sie sich schlecht fühlen lässt, wenn Sie es auch loslassen können? Und das können Sie! Allein das Wissen darum gibt Ihnen eine neue Entscheidungsmöglichkeit.

Wir sind niemals die Opfer unserer Gefühle, wir sind immer *Täter* unserer Gefühle. Beobachten Sie sich, wie Sie Täter sind – oder, noch besser, hören Sie zum Schluss einfach auf, Täter zu sein.

Perspektivenwechsel
«Ich liebe vollkommen meine Gedanken»

Der folgende Grundsatz gilt immer: Alles, was ist, ist gut – weil es ist! Dieser Grundsatz befreit Sie.

Sagen Sie immer zu allem: «Ich liebe vollkommen ...», in welcher Form auch immer es auftaucht, als Gefühl, als Gedanke oder als Ereignis. Es ist Liebe, und Liebe kann ich immer lieben.

Jetzt gibt es eine Hierarchie, von dem, «was ist», die auch eine Hierarchie der Freiheit ist.

Die dritte Stufe: «Ich liebe vollkommen meine *Gefühle* zu dem Ereignis, das passiert ist.»

Die zweite Stufe: «Ich liebe vollkommen meine *Gedanken* zu dem Ereignis, das passiert ist.»[2]

Die erste Stufe: «Ich liebe vollkommen das *Ereignis*, das passiert ist.»

In der dritten Stufe lieben Sie die Gefühle, die sind. Ich habe Ihnen bereits auf den vorhergehenden Seiten vier Methoden dazu vorgestellt. Das sind Möglichkeiten, wie Sie Ihre Gefühle voll annehmen können. Lieben Sie Ihre Gefühle, «wie sie sind» – ohne das Ziel, sie zu verändern. Dann werden Sie sich verändern.

- Sie verbrennen Ihre Gefühle. Sie durchleben sie ohne Kommentar so oft, bis sie Ihre Kraft verloren haben.
- Sie untersuchen die biochemischen Reaktionen der Gefühle im Körper.
- Sie schauspielern Ihre Gefühle. Sobald Sie die Gefühle erkennen, imitieren Sie sie als Schauspieler.

---

2 Noch besser sprechen Sie zu sich, indem Sie das Gedanken-Wesen als etwas Eigenständiges in Ihnen ansprechen. Sie sprechen zu «ihm/ihr» in dritter Person. «Ich liebe vollkommen seine/ihre Gedanken/Gefühle...»

- Entdecken Sie den Frieden hinter den Gefühlen. Sie schauen in die Gefühle, was dahinter ist. Sie werden Frieden entdecken.

Jetzt gibt es aber auch die zweite Stufe. Sie sagen sich: «Ich liebe vollkommen meine Gedanken zu dem Ereignis, das passiert ist.»

Hier der Trick, wie Sie aufhören können, Ihr eigenes Opfer zu sein:

BEOBACHTEN Sie, wie Sie den Kommentar geben, und lieben Sie sich dafür, dass Sie es tun.

Versuchen Sie nicht, gegen die Gedanken zu *kämpfen*. Versuchen Sie nicht, den negativen Gedanken zu *vermeiden*. Das wird Ihnen nicht gelingen, und das ist auch nicht das Ziel. Versuchen Sie nur zu erkennen, was Ihr Hirn da Interessantes macht. Und wenn Sie›s erkennen, lächeln Sie über sich selber. Lächeln Sie über Ihr Gedanken-Wesen, das da in Ihnen wohnt und diese lustigen Kapriolen schlägt. Es hat nämlich nichts mit Ihnen zu tun.

Sie betrachten sich selber, wie ein Proband in einer wissenschaftlichen Studie, der aus Versuchszwecken in verschiedene missliche Situationen geworfen wird – nur, um seine *Gedanken* auf die Situation aufzuzeichnen. Weil es aber noch keinen Gedankenrekorder gibt, ist man auf Sie als Versuchsperson angewiesen, die Ihre Gedanken selbst registrieren muss, um sie den Wissenschaftlern anschließend zu erzählen.

Wenn Sie das tun, werden Sie folgendes feststellen:

Ihre negativen GEFÜHLE ... verschwinden!

Eine weitere tolle Möglichkeit ergibt sich: Das, was ich Ihnen in den Seiten zuvor mit den Gefühlen beschrieben habe, können Sie auch mit Ihren Gedanken machen. Verbrennen Sie Ihre *Gedanken*.

Wenn es ein Ereignis gibt, das bei Ihnen großen Kummer, Verletztheit, Ärger, Enttäuschung ausgelöst hat, dann gehen Sie dieses Ereignis noch einmal gedanklich durch und wiederholen bewusst den gedanklichen Kommentar, den Sie sich selber dazu immer geben, solange, bis dieser Kommentar aufhört, seine zerstörerische Kraft zu haben. Sie haben den Gedanken verbrannt.

Auch die letzte Methode zu den Gefühlen können Sie auf die Gedanken anwenden. Erkennen Sie, dass hinter dem Gedanken immer Stille und Frieden stehen.

Sie untersuchen diesen Kummer auslösenden Gedanken und schauen, was *dahinter* ist. Wo kommt er her? Ist hinter diesem Gedanken eine Realität?

Sie werden feststellen, dass hinter dem Gedanken nichts ist. Sie werden erkennen, dass dahinter Frieden ist.

Das ganze Leben ist nichts anderes als ein Versuchsaufbau von erzeugten Situationen, die keine Bedeutung haben, die nur deswegen passieren, um Ihnen zu ermöglichen, Ihre Gedanken zu beobachten und dadurch zu erkennen, dass NICHTS passiert ist, außer ein paar lächerliche Gedanken bewegt zu haben.

Mehr ist das Leben nicht!

Perspektivenwechsel
«Ich liebe vollkommen das Ereignis»

Sie können *nur* bei der dritten Stufe bleiben – Sie lieben Ihre Gefühle, das ist vollkommen OK. Sie können aber auch zur zweiten Stufe gehen und entscheiden, Sie lieben Ihre Gedanken, das ist genauso OK. Aber Sie können auch noch weiter gehen zur *ersten* Stufe – das ist die interessanteste.

Sie nehmen jedes Ereignis an, so wie es ist.

Denn warum sich mit der kleinen Freiheit zufrieden geben, wenn Sie doch auch die größte Freiheit haben können.

Mit der Frage «wie würde ein Zweijähriges darauf reagieren?» sind Sie immer in der ersten Stufe. Ein Zweijähriges (ein Kind mit 24 Monaten) akzeptiert immer jedes Ereignis. Es ist zu allem immer frei von Gedanken und Kommentaren. Wenn jemand auf dem Gehweg mit dem Fahrrad fährt, obwohl es verboten ist, und Sie als Fußgänger fühlen sich gestört und machen den Übeltäter gereizt darauf aufmerksam, dann überlegen Sie, wie ein Zweijähriges in dieser Situation reagieren würde. Ein Zweijähriges hat kein Konzept von «Richtig» und «Falsch», es hat keinen einzigen kommentierenden Gedanken dazu und kann deswegen auch kein negatives Gefühl entwickeln. Es ist immer vollständiges Akzeptieren da. Beobachten Sie es, es ist faszinierend. Das können auch Sie. Dafür sind Sie sogar erschaffen worden.

Da fährt einer auf dem Gehweg, obwohl es verboten ist. Ich erkenne, da will ein Gedankenimpuls entstehen. Ich denke an ein Zweijähriges. Alles ist völlig OK. Ich weiche einfach aus. Die Kommentarstimme im Kopf bleibt tot.

Zuerst gibt es die Sache. Dann gibt es als Folge den Gedanken zu der Sache, dann als Folge kommt das Gefühl zur Sache. Je eher Sie lieben können, was ist, desto friedlicher wird Ihr Leben.

Sie fahren 120 km zu einem Seminar nach Frankfurt, kommen ins Hotel und erfahren dort, dass das Seminar in Köln stattfindet. Aber auf Ihrer Anmeldebestätigung steht eindeutig Frankfurt. Niemand hat Sie über die Verlegung des Seminarorts informiert.

Stufe 3: Es ist nur passiert, um meine Gefühle zu beobachten. Lass dich in das Gefühl fallen. Es ist völlig OK, so zu fühlen.

Stufe 2: Es ist nur passiert, um meine Gedanken zu beobachten. Du hast dich geärgert, also MUSST du schlecht mit dir geredet haben. «Ah, DAS hast du dir gerade erzählt, interessant». Es ist völlig OK, so zu denken.[3]

Stufe 1: Es ist nur passiert, um das Ereignis annehmen zu können. Wie würde ein Zweijähriges denken? Es ist völlig unwichtig, was hier gerade passiert. Es ist für den Ausgang meines Lebens völlig egal, sonst wäre es ja nicht passiert. Das Ereignis ist völlig OK.

Ein Taschendieb in der Fußgängerzone versucht, an Ihren Geldbeutel zu kommen, Sie erwischen ihn – aber ER schreit Sie vor allen Leuten an und bedroht Sie, als ob SIE der Gauner gewesen wären. Sie sind hilflos.

Stufe 3: Es ist nur passiert, um meine Gefühle zu beobachten. Lass dich in das Gefühl fallen. Es ist völlig OK, so zu fühlen.

Stufe 2: Es ist nur passiert, um meine Gedanken zu beobachten. Du hast dich geärgert, also MUSST du schlecht mit dir geredet haben. «Ah, DAS hast du dir gerade erzählt, interessant». Es ist völlig OK, so zu denken.[4]

Stufe 1: Es ist nur passiert, um das Ereignis annehmen zu können. Wie würde ein Zweijähriges denken? Es ist völlig unwichtig, was hier gerade passiert. Es ist für den Ausgang meines Lebens völlig egal, sonst wäre es ja nicht passiert. Das Ereignis ist völlig OK.

3,4 Am besten sprechen Sie zu sich, indem Sie das Gedanken-Wesen als etwas Eigenständiges in Ihnen ansprechen. Sie sprechen zu «ihm/ihr» in dritter Person. «Ah, DAS hat er/sie sich gerade erzählt ...»

Jetzt können Sie alles im Leben als eine Versuchsanordnung betrachten, wo es nur darum geht zu entscheiden, was ich annehmen und lieben will. Das Gefühl, den Gedanken oder das Ereignis.

Eine darüber hinausgehende Bedeutung des Ereignisses gibt es nicht. Das ist die Wahrheit über Ihr Leben.

Im Anschluss finden Sie einige Beispiele, mit denen Sie einmal «trocken» üben können. Ohne Training werden Sie im realen Leben einfach vergessen, dass Sie eine Entscheidungsmöglichkeit haben. Versuchen Sie sich jeweils in diese Situationen hineinzuversetzen und die drei Stufen mental durchzuspielen.

- Sie haben einer Person, für die Sie Gefühle empfinden, ein SMS geschickt – auch nach Tagen kommt keine Antwort.
- Eine Mitarbeiterin, die mit Ihnen am Restaurant-Tisch isst, weiß, dass Sie Ihren Geldbeutel im Büro vergessen haben, sie weigert sich, Ihnen 12 Euro zu leihen, verabschiedet sich und lässt Sie im Restaurant mit Ihrer unbezahlten Rechnung sitzen.
- Sie haben eine Immobile für 350.000 ,- € gekauft, und durch ein Kontrollgutachten später erfahren Sie, dass es nur 170.000,- € Marktwert besitzt.

Die Methode, die ich Ihnen in den Seiten zuvor mit den Gefühlen beschrieben habe, können Sie auch mit den Ereignissen anwenden. Verbrennen Sie Ereignisse.

Sie denken so lange an das Kummer auslösende Ereignis, bis kein kommentierender Gedanke mehr da ist. Das Ereignis ist verbrannt. Das ist völliges Akzeptieren.

(Aber Achtung, das kann im Einzelfall Monate dauern. Im Glücksdurchbruch ist alles mit einem Schlag verbrannt!)

Eine zweite Methode, die bei Gefühlen und Gedanken funktioniert hat, funktioniert auch bei Ereignissen. Erkennen Sie, dass hinter dem Ereignis immer Stille und Frieden ist.

Sie untersuchen das Kummer auslösende Ereignis: Was ist *dahinter*? Wo kommt es her? Ist hinter diesem Ereignis eine Realität?

Sie werden feststellen, dass hinter dem Ereignis nichts ist. Sie werden erkennen, dass dahinter Frieden ist.

Beobachten Sie Ihre Gefühle. Erkennen Sie: Hinter den Gefühlen sind immer Stille und Frieden.

Beobachten Sie Ihre Gedanken. Erkennen Sie: Hinter den Gedanken sind immer Stille und Frieden.

Beobachten Sie das Ereignis. Erkennen Sie: Hinter dem Ereignis sind immer Stille und Frieden.

Hinter der Welt, wie sie erscheint, sind immer Stille und Frieden. «Und Gott erkannte, dass alles gut war».

Spirituelle Übung: Zeitung lesen

Lesen Sie irgendeine Zeitung, schauen Sie irgendeine Dokumentation im Fernsehen an, schauen Sie irgendeine Fernseh-Nachrichtensendung an, und das Einzige, auf das Sie achten, ist, ob und was Ihr Gedanken-Wesen tut. Beobachten Sie Ihre Gefühle und lieben Sie sich dafür. Beobachten Sie, wie es ein Etikett «gut» oder «schlecht» an alles klebt und lieben Sie es dafür. Oder schauen Sie, ob Sie die Nachricht so akzeptieren können, wie sie ist.

Die Schweizer Großbank UBS hat Milliarden verspekuliert, der Schweizer Staat gibt eine Milliardenunterstützung von Steuergeldern, um einen Bankrott abzuwenden, und im selben Jahr zahlen sich die Manager vom Bankvermögen eine Gratifikation (= Belohnung) in Milliardenhöhe aus...

Haben Sie Gefühle entwickelt? Erkennen Sie es und lieben sich dafür. Beobachten Sie Ihr Gedanken-Wesen, falls es einen Kommentar gibt, und lächeln Sie verzeihend .... oder lassen Sie es einfach stehen ... kein Kommentar. Es ist, wie es ist. Und alles, was ist, ist GUT. Weil es ist!

In München gehen zwei Jugendliche im S-Bahnzug auf Fahrgäste zu und verlangen Geld, ansonsten würde es «Schläge setzen». Ein 50-Jähriger Mann geht dazwischen, um den Bedrohten zu helfen. Als er an der nächsten S-Bahnstation aussteigt, wird er von den beiden zu Tode geprügelt ...
    Beobachten Sie Ihren Körper. Fühlen Sie Ihre Emotionen? Erkennen Sie es und lieben Sie es. Erkennen Sie Ihren verurteilenden, selbstgerechten Kommentar? Dann lieben Sie Ihr Gedanken-Wesen dafür. Oder können Sie einfach annehmen, dass es so ist, wie es ist? Was passiert ist, ist weder richtig noch falsch. Einfach weil es ist.

Da hat ein Mann in Österreich ein Kind entführt, im Keller eingesperrt und 18 Jahre ständig vergewaltigt .... Haben Sie Gefühle entwickelt? Erkennen Sie es und lieben sich dafür. Gibt Ihr Gedanken-Wesen Kommentare von Gut oder Böse ab? Erkennen Sie es und lächeln Sie verzeihend ... oder lassen Sie es einfach stehen... ohne Kommentar. Es ist, wie es ist. Und alles, was ist, ist GUT. *Weil* es ist!

Nehmen Sie jetzt bitte eine Zeitung zur Hand und lesen einen Artikel mit diesem Fokus. Und seien Sie sich bewusst: Dieser Artikel und seinen Inhalt gibt es nur deswegen, damit Sie diese Übung machen können. Eine darüber hinausgehende Bedeutung hat er nicht.

Es geht im Leben nicht um bessere oder schlechtere Konzepte, nicht um Maßnahmen oder Methoden, nicht um Ereignisse, nicht um Erfolge oder Misserfolge, sondern es geht einzig und allein darum, wie Sie mit alledem umgehen. Wie reagieren Sie darauf? Können Sie annehmen, «was ist»? Sie haben diese drei Möglichkeiten: Das Ereignis annehmen, Ihre Gedanken annehmen oder Ihr Gefühl annehmen.

Es geht nicht um Ehe auf Ewig oder Ehe auf ein Jahr, Es geht nicht um Entwicklungshilfegelder als Spende oder Entwicklungshilfegelder als Sachleistung, es geht nicht um freien oder eingeschränkten Fernsehkonsum für Kinder ... und all die tausend Konzepte, von denen Sie denken, dass man damit eine «bessere Welt» schaffen könnte. All das ist komplett ohne Belang, sowohl für Sie, wie auch für die Welt.

Es geht einzig und allein darum, für welche Reaktion Sie sich bei diesen Diskussionen entscheiden. Das ganze Leben ist nur ein endloses, gigantisches Vorschlagswesen, ob Sie annehmen wollen, «was ist». Das Universum will Ihnen mit seiner Existenz immer wieder nur diese Entscheidungsmöglichkeit geben. Alles, was passiert in Ihrem Leben, ist eine unwichtige Seifenoper, damit Sie entscheiden können, sich und die Welt anzunehmen. Die Handlung dieser Seifenoper ist komplett ohne Bedeutung, sehen Sie das?

Das «Top on Top»-Annehmen

Stellen Sie sich vor, Sie spielen ein Spiel gegen einen Mitspieler. Sie besitzen blaue Bierdeckel, und Ihr Mitspieler hat rote Becher. Der Mitspieler setzt einen Becher auf den Boden und Sie setzen darauf einen Bierdeckel. Obenauf setzt er wieder einen Becher, aber Sie schließen den Becher wieder mit einem Bierdeckel. Es geht bei diesem Spiel darum, wer zuerst aufhört mit dem Setzen seines Objekts. Liegt zum Schluss ein Bierdeckel oben, haben Sie gewonnen, liegt ein Becher zuoberst, hat der andere gewonnen. Die Sieges-Strategie besteht darin, immer einmal öfter einen Bierdeckel zu setzen, als der andere seinen Becher. Genauso ist es mit dem Annehmen von dem, was ist.

Es wird vorkommen, dass Sie mit irgendeiner Stufe des Annehmens beginnen wollen, aber es nicht klappt. Jetzt geht es darum, dass Sie jegliche innere Reaktion immer sofort mit völligem Annehmen quittieren. Sie müssen sich einfach immer um eins mehr annehmen, als Ihr Gedanken-Wesen Ihnen einen Kommentar schickt.

Sie schauen sich im Spiegel an und entdecken die Falten. Jetzt sagen Sie sich: «ich liebe meine Falten». In der nächsten Sekunde entdecken Sie aber, dass Sie denken: «Mein Gott, bist du alt geworden!» Sie quittieren mit: «Ich liebe mich, wie ich mich alt finde». Dann schämen Sie sich plötzlich, so auszusehen. Jetzt sagen Sie sich: «Es ist völlig OK, dass ich diese Scham empfinde». Dann kommt der Gedanke «Du hast dich aber gar nicht im Griff, du kommentierst dich schon wieder». Das quittieren Sie wieder mit völligem Annehmen: «Es ist völlig OK, dass ich mich selbst kommentiere». Das geht eine Zeit gut, dann kommt Ärger, dass Sie schon so lange das Annehmen trainieren und immer noch keine Verbesserung eingetreten ist. Auch das quittieren Sie wieder mit völligem Annehmen. «Es ist völlig OK, diesen Ärger über das lange Trainieren zu empfinden», u.s.w. u.s.w. u.s.w.

Sie setzen einfach immer einen Akzeptieren-Deckel «On Top» mehr oben auf, als das, was Ihnen Ihr Hirn als Gedanke oder Gefühl vorgibt.

Das machen Sie endlos, bis es plötzlich irgendwann still wird. Es will kein Gedanke mehr auftauchen – Ihr Mitspieler hat einfach keine Lust mehr.

Zum Schluss geht es einfach darum, sich VOLLKOMMEN anzunehmen. So wie Sie sind, ohne irgendetwas verändern zu wollen. Sie sind perfekt, mit *allen* Gefühls- und Gedanken-Reaktionen. Denn Sie sind perfekt, so wie Sie sind, Sie müssen nichts ändern. Sie wissen es vielleicht nur noch nicht.

Die meisten meiner Leser haben von sich das Selbstbild, dass sie keine Vorurteile gegen Ausländer oder Schwarze haben wollen.

Sie gehen am Morgen aus dem Haus, vor Ihrer Tür fährt der Müllwagen vor, und zwei Schwarzafrikaner steigen ab, um Ihre Mülltonne zum Wagen zu bringen.

Sie zwingen sich zu denken «ich akzeptiere diese Müllfahrer, wie sie sind, ich will sie anerkennen, ohne dass ich mich als etwas besseres fühle». Aber Ihre Gefühle zeigen sofort, dass da etwas anderes als Wahrheit ist. Sie kämpfen nur dagegen an, dass Sie die schwarzen Müllfahrer als etwas Minderwertigeres empfinden und sich als etwas Höherwertigeres. Setzen Sie den Bierdeckel.

Nehmen Sie sich an, so wie Sie sind, *mit Ihren Vorurteilen* gegen Schwarze. Es ist völlig o.k. so!

Sagen Sie sich «es ist völlig o.k., dass ich mir als etwas Besseres vorkomme. Ich habe diese Vorurteile, und es ist völlig perfekt so!»[5]

Nur durch *dieses* Annehmen werden Sie erfahren, dass sich diese Verkrampfung in Ihrem Kopf und diese Verkrampfung in Ihrer Gefühlswelt plötzlich auflösen.

Ich liebe mich, wie ich eifersüchtig bin. Ich liebe mich, wie ich andere verurteile. Ich liebe mich, wie ich mich *nicht* selbst liebe.[6]

Nehmen Sie sich an mit allen Ihren Vorurteilen, Ärgergefühlen, Hass- und Vergewaltigungsgedanken. Das sind Sie, und Sie sind perfekt so – sonst wären Sie nicht so! Gott macht keine Fehler (selbst bei *Ihnen* nicht). Sie müssen nichts ändern. Nehmen Sie sich an, so wie Sie *jetzt* sind und nicht so, wie Sie es übernommen haben, wie man sein *sollte*.

Sie haben keine andere Möglichkeit, um mit sich selbst ins Reine zu kommen.

5,6 Noch besser Sie sprechen in der dritten Person zu sich: «Ich liebe «ihn/sie» wie er/sie eifersüchtig ist...»oder «...wie er/sie sich als was besseres vorkommt...» u.s.w.

Die Kaskadengedanken

Wenn Sie auf die Jagd nach Ihren Gedanken gehen, werden Sie feststellen, dass Sie zunächst nur Ihre *ersten* Gedanken erwischen können. Sie wollen sich zu einer Gruppe gesellen, da sagt einer zu Ihnen: «Wir wollen alleine sein!» Jetzt, wenn Sie aufmerksam Ihre Gedanken beobachten wollen, ertappen Sie sich vielleicht nur dabei, wie Sie einfach im Kopf diese Aussage wiederholen: «Die wollen alleine sein».

Ich habe durch Selbstbeobachtung festgestellt, dass so ein Gedanke bei mir kein negatives Gefühl auslösen *kann*. Es gibt hinter dem Initialgedanken einen nächsten, einen nächsten und noch einen nächsten Gedanken. Und je mehr Gedanken es werden, umso «unhörbarer» werden sie. Ich musste mich sehr, sehr stark konzentrieren, um auch die weiteren Gedanken wahrzunehmen, denn das geht alles rasend schnell.

Als nächstes sagen Sie etwas zu sich wie «Du bist nicht attraktiv genug», wenn Sie weiter forschen, sagen Sie so etwas ähnliches wie «Du bist nichts wert. Du bist niemand. Du bist wertlos.»

Und erst DIESE Aussage erzeugt Ihr schlechtes Gefühl.

Ihre Gedanken sind ein hochinteressantes Phänomen. Sie haben wache Gedanken, die sind für Sie hörbar, und Sie haben unterbewusste Gedanken, die sind nicht hörbar. Jetzt ist es so, dass es kein «entweder – oder» gibt, sondern es gibt einen fließenden Übergang von Wachgedanken zu den unterbewussten Gedanken. Es ist so, dass der eine Wachgedanke den nächsten Gedanken anstößt und der wiederum einen nächsten Gedanken und so weiter. Das ist wie fallende Dominosteine. Je mehr Dominosteine umfallen, umso weniger hörbar wird der einzelne Gedanke, umso mehr nähert er sich dem Unterbewusstsein. All dies passiert in einer unglaublichen Geschwindigkeit. Auf ihrem Weg werden die Gedanken immer weniger bewusst. Am Ende, im Unterbewusstsein, sind die Gedanken zwar wirksam, aber nicht mehr richtig «hörbar», so dass man den Eindruck hat: «Ja, das denke ich doch gar nicht». Aber Sie haben es *doch* gedacht, es ist nur vom wachen Bewusstsein nicht mehr greifbar.

Das Unterbewusstsein ist ein gigantisches Areal, in dem eine Unmenge an Programmen gespeichert ist. Zunächst sind da Ihre eigenen Programme: Das sind Gedanken, die Sie im Laufe Ihres Lebens immer und immer wieder wiederholen. Ein in einer Endlosschlaufe über Jahre wiederholter Gedanke verdichtet sich irgendwann zu einem *unterbewussten* Gedanken. Es braucht dann später nur noch einen kleinen äußeren Auslöser, und diese Gedankenabfolge wird in ihrer vollen Länge «ausgedacht», aber Sie sind sich dessen nicht mehr bewusst. Das sind beispielsweise solche aus der Kindheit stammende Mantras wie «du bist nicht gut genug» oder «wenn es dir schlecht geht, dann bekommst du Zuneigung».

Dann gibt es aber auch diese über Jahrtausende hinweg geprägten *kollektiven* unterbewussten Gedanken. Sie haben ein Empfinden bei Nacht, Sie haben ein Empfinden gegenüber Ihrer Nation, Sie haben ein Empfinden als Mann oder Frau. Das sind über Jahrtausende entstandene geerbte, tiefe, unterbewusste Prägungen, die einem nicht mehr bewusst sind.

Kaskadengedanken sind Gedankenketten, die solche unterbewussten Gedanken anstoßen. Der «hörbare» Gedanke löst im Halb-Unbewussten weitere, weniger hörbare Gedanken aus. Ich habe nun bei meiner Selbsterforschung etwas Faszinierendes festgestellt: Bei negativen Gefühlen steht am Ende der Gedankenkette ein Gedanke. Es hat lange gedauert, bis ich diesen Gedanken im Halb-Unbewussten fassen konnte. Dieser Gedanke ist: «Du bist es nicht wert. Du bist minderwertig – du bist niemand!»

Und jetzt die interessante Beobachtung: Dieser Gedanke steht am Ende von fast *jedem* negativen Gefühl!

Es ist egal, ob Sie eifersüchtig sind oder neidisch oder enttäuscht oder verärgert oder wütend oder ängstlich oder traurig ... am Ende der Kaskadengedanken denken Sie immer:

«Ich bin minderwertig – ich bin niemand!»

Nehmen wir ein Beispiel: Sie sind am Säubern Ihrer Wohnung, und durch eine Unachtsamkeit stoßen Sie eine Vase um, die in 1000 Scherben zerbricht. Nehmen wir an, die Vase war nicht so wertvoll, trotzdem ärgern Sie sich. Hier sind Ihre möglichen Kaskadengedanken:

Scheiße – ich muss dass jetzt alles aufräumen – das ist soo viel Arbeit – warum muss das immer *mir* passieren? – ich habe doch so viel anderes zu tun – ich komme nicht zu meinen Zielen – warum darf ich nicht glücklich sein– mein Plan für ein glückliches Leben klappt nicht – das Leben ist ungerecht zu mir – das Leben respektiert mich nicht – ich bin es nicht wert – ich bin minderwertig – ich bin niemand.

Sie können in sich kein schlechtes Gefühl erzeugen, wenn Sie sich in Ihren Gedanken nicht *selber* ins Spiel bringen, wenn kein «Ich» in Ihren Gedanken vorkommt. Sie können sich nicht schlecht fühlen, ohne dass Sie sich selber schlecht *gemacht* haben.

Nehmen wir ein zweites Beispiel: Sie als Mann gehen mit Ihrer Freundin auf eine Stehparty. Ihre Freundin steht irgendwann bei einem anderen Mann, und Sie erkennen, dass er ihre Hand hält, und Sie sehen, dass sie es offensichtlich mag und ihn anhimmelt. Sie fühlen Eifersucht. Hier sind Ihre Kaskadengedanken:

Sie mag diese Berührung – sie will ihn mehr als mich – was hat er, was ich nicht habe? – ich bin nicht attraktiv genug – sie wird mich verlassen – ich bin allein und hilflos – wie stehe ich denn jetzt da? – SIE hat Erfolg, aber ich bin zu unattraktiv für andere Frauen – ich bekomme niemals, was ich will – ich bin minderwertig – ich bin niemand.

Und jetzt können Sie *jeden* Gedanken, der negative Emotionen bei Ihnen auslöst, untersuchen, und Sie werden auf diesen «Ur-Gedanken» kommen.

Perspektivenwechsel: Abkürzen der Gedanken

Machen Sie einen Gedankenkurzschluss. Sobald Sie sich aus irgendeinem Grund schlecht fühlen, sagen Sie sich direkt: *«Ich bin minderwertig – ich bin niemand.»*

Das trickst Ihre Gedanken-Gefühlsapparatur aus. Sie müssen plötzlich lachen über sich.

Sie haben nur deswegen negative Gefühle im Leben, um den Gedanken-Kurzschluss anwenden zu können. Das Leben will Ihnen helfen. Eine darüber hinausgehende Bedeutung für negative Gefühle gibt es nicht.

Positive Gefühle

Die meisten Menschen betrachten ihr Leben als den Versuch, möglichst viele positive Gefühle zu sammeln und negative Gefühle zu vermeiden. Die Psychologen bestätigen uns: Alle unsere Lebensanstrengung hat zum Ziel, Freude zu erreichen und Schmerz zu vermeiden. Das ist auch richtig beobachtet, solange wir nicht im Glücksdurchbruch sind.

Hier eine Sammlung von positiven Gefühlen:
Ausgelassenheit, Zuversicht, Befriedigung, Zufriedenheit, Dankbarkeit, Vergnügen, Erleichterung, Verbundenheit, Überlegenheit, Genuss, Freude, Stolz, Geborgenheit, Spaß, Gelassenheit, Lust, Genugtuung, Liebe, Glück.

Positive Gefühle zu haben ist etwas Gutes, so wird es überall bestätigt.

Wir fühlen uns gut bei einem bestanden Diplom, beim Gewinn eines Wettbewerbs, bei der Geburt eines Kindes, beim Orgasmus, beim Sieg der Fußball-Nationalmannschaft, beim Rückruf eines geliebten Menschen, wenn uns der Hotelangestellte mit unserem Namen anredet.

Genauso, wie ich mich bei den negativen Gefühlen beobachtet habe, habe ich mich auch bei meinen positiven Gefühlen beobachtet. Was macht mein Gedanken-Wesen?
Und genauso, wie ich bei den negativen Gefühlen auf einen finalen Kaskadengedanken gekommen bin, bin ich auch bei den positiven Gefühlen auf einen finalen Gedanken gekommen. Der Gedanke ist:

Ich bin höherwertig (etwas Besseres) – ich bin jemand!

Ich habe ebenfalls die biochemische Reaktion meines Körpers bei positiven Gefühlen untersucht. Die Kopfhaut zieht sich zusammen, der Puls erhöht sich, am Unterarm habe ich Gänsehaut, Wärme entsteht im Bauch, Muskelanspannung.

Es sind *dieselben* körperlichen Reaktionen, die Sie auch bei negativen Gefühlen haben. Wir alle sind allerdings überzeugt, dass uns das eine gut und das andere schlecht tut.

Hier eine Botschaft, die Sie vielleicht nicht hören wollen, die aber wahr ist:

Es nützt Ihnen nichts, nur mit den negativen Emotionen etwas tun zu wollen, Sie müssen genauso etwas mit Ihren scheinbar positiven Emotionen tun. Denn die bringen Sie genauso weg von sich selber, wie Ihre negativen Emotionen.

Das Gedanken-Wesen – das Denken – ist ständig damit beschäftigt, jemand sein zu wollen. Die Gedanken drehen sich entweder permanent darum, «bedeutend» zu sein oder darum, das «unbedeutend Sein» abzuwehren. Deshalb lassen sich alle von Gedanken ausgelösten Gefühle auf die zwei Gedanken von Überlegenheit oder Minderwertigkeit zurückführen.

Weder das eine noch das andere entspricht einer spirituellen Wahrheit. Sowohl das eine als auch das andere entfernt Sie vom Glücksdurchbruch – es macht Sie unglücklich.

Der dominierende Urgedanke, der uns abhängig und unglücklich macht, ist der Gedanke jemand sein zu wollen.

Ich will jemand sein, ich will Beachtung, ich will Anerkennung, ich will Bedeutung, ich will Respekt, ich will Achtung, ich will gelobt werden, ich will Bewunderung, ich will geliebt werden ....

Wir wollen deshalb jemand sein, weil wir in Wahrheit *niemand* sind. Wir sind eins mit allem und jedem. Wir sind nicht mehr als ein Grashalm in einer unendlichen Prärie. Gegen diese Wahrheit kämpfen wir seit unzähligen Leben verzweifelt an, und dieser Kampf verhindert das Glück.

Die meisten durch Gedanken erzeugten positiven Gefühle lassen sich zurückführen auf Stolz. Im Grunde ist Stolz ein negatives Gefühl, weil er selbstzerstörerisch ist. Sie sind stolz auf Ihr Auto, Sie sind stolz auf Ihre Position, Sie sind stolz auf Ihre Kinder, Sie sind stolz auf Ihre Nation, Sie sind stolz auf Ihr Können .... Das ist das Gefühl «Ich bin etwas Besseres – ich bin höherwertig und überlegen». Aber das sind Sie nicht!

Schauen Sie einmal an, was Stolz bei Ihnen im Körper wirklich auslöst. Ihr Körper verkrampft sich – Sie sind nicht Sie selbst. Das fühlt sich in Wahrheit weder ausgeglichen noch friedlich an. Sie sind ein Roboter, der eine Überdosis Strom bekommen hat. Das ist nicht gesund. Und irgendwann fällt das Gefühl in sich zusammen und es braucht beim nächsten Mal eine noch höhere Dosis.

Wenn Sie gut Klavier spielen können, hat das nichts mit Ihrer Seele zu tun, die irgendwann im Jenseits landen wird. Wenn Ihre Fußball-Nationalmannschaft ein Spiel gewinnt, noch weniger.

Was bleibt von Ihrer Freude und Ihrem Stolz, wenn man Ihnen das Klavierspielen und den Fussball-Sieg wegnimmt?

Wenn Sie Freude aus einem *Anlass* haben, so ist das nur oberflächlich positiv, weil dieser Freude Leid folgen wird. Sie fühlen sich niedergeschlagen bei der nächsten Niederlage, sie fühlen sich leer, wenn das Klavierkonzert vorbei ist. Und irgendwann *wird* Ihre Mannschaft verlieren, irgendwann ist *jedes* Konzert vorbei.

Die meisten Menschen denken, sie müssten nur die negativen Gefühle loswerden und möglichst viel von den positiven Gefühlen anhäufen. Das ist ein Irrtum. Ein Gefühl ist ein Gefühl. Dass das eine positiv und das andere negativ ist, ist eine Bewertung, ist ein Gedankenurteil.

Es gibt für den, der den Glücksdurchbruch erleben will, nur *eine* Regel für Gefühle. Das werden viele nicht gerne lesen, aber es ist die beobachtbare Tatsache.

Die *Identifikation* mit Gefühlen bringt Sie weg von sich!

Es sind nicht die positiven Gefühle, die wir einfach so belassen können, und die negativen, von denen wir uns befreien müssen.

Es geht nicht um positive *und* negative Gefühle. Es geht um die *Identifikation* mit den Gefühlen. Sie sollen die Identifikation mit ALLEN Gefühlen loslassen. Mit Ärger, Angst, Neid genauso wie mit Freude, Geborgenheit, Stolz.

Die Gemeinsamkeit von negativen und von positiven Gefühlen ist das *äußere Ereignis* oder das *äußere Objekt*, das für das Gefühl verantwortlich ist. Und das ist das Problem!

Ärger braucht ein Objekt oder ein Ereignis, das diesen Ärger auslöst.

Freude braucht ein Objekt oder ein Ereignis, das diese Freude auslöst.

Es geht um diese Objekte und die Identifikation mit diesen Objekten. Ob im Positiven oder im Negativen.

Objekt-Freude, *Objekt*-Stolz, *Objekt*-Geborgenheit tun Ihnen auf einer tiefen Ebene nicht gut.

Sie kennen aber praktisch nur Objekt-Gefühle!

Angst, Scham, Eifersucht ... genauso wie Vertrauen, Glück und Liebe.

Das Wort Liebe, wie es von unserer Gesellschaft gebraucht wird, ist eines der am meisten missbrauchten Worte auf der Erde. Liebe wird fast nur im Zusammenhang mit einem Objekt verstanden. Ich liebe Pizza, ich liebe den FC Bayern München, ich liebe meinen Beruf, ich liebe Mozart, ich liebe meine Frau, ich liebe mein Kind.

Diese Art der Liebe erwartet IMMER etwas zurück. Die Pizza soll mir ein gutes Geschmacksgefühl geben – der FC Bayern spannende Spiele, Identifikation und Stolz beim

Sieg – mein Beruf soll mir Befriedigung, Identifikation und Stolz geben – Mozart soll mir entspannende Stunden und Hörgenuss geben – meine Frau soll mir Gegenliebe, Stolz und Identifikation geben – mein Kind soll mir das Gefühl von Gebrauchtsein, Geborgenheit, Stolz und Identifikation geben.

Das Wort Liebe hat allerdings *zwei* Bedeutungen, ohne dass wir uns dessen bewusst sind. Weil wir diese zwei Bedeutungen in einen Topf werfen, gibt es diese endlose Konfusion. Am häufigsten gebrauchen wir das Wort Liebe für jenes Gefühl, das wir für romantische Liebe reserviert haben. Auf der anderen Seite gibt es aber auch die *spirituelle* Liebe, jene Liebe, von der auch in den heiligen Büchern gesprochen wird. Wir denken, das sei dasselbe – ist es aber nicht! Die romantische Liebe ist eine Gefühlsform auf der körperlichen Ebene, genauso wie bei negativen Gefühlen erleben Sie dabei biochemische Reaktionen im Körper.

Meistens sind es Frauen, die denken, in der romantischen Liebe gebe es «echte» oder «wahre Gefühle», aber diese Liebe ist ein körperbezogener Gefühlsrausch, der an Gedanken gekoppelt ist. Alle Gefühle, die mit Gedanken verbunden sind, sind nicht wahr. Sobald Gefühle an Gedanken gekoppelt sind, haben sie nichts mehr mit der ultimativen Realität, nichts mit Ihrem wahren Selbst zu tun. Nach Ihrem Tod, im Jenseits, wird das alles verflogen sein.

Es gibt Körper-*un*abhängige Gefühle. Sie existieren *ohne* äußeres Objekt und ohne vorhergehende Gedanken. Es sind *spirituelle* Gefühle: Glück, Freude, Vertrauen, Geborgenheit, Frieden.

Diese können permanent nur im Glücksdurchbruch erfahren werden. Im Glücksdurchbruch sind alle diese Gefühle zusammen wirksam.

Im Glücksdurchbruch empfinden Sie etwas, was mit unserem Wort «Gefühl» nicht mehr treffend beschrieben wird. Es sind diese von uns als «positive Gefühle» definierten Zustände, aber auf einer anderen, unermesslich tieferen Ebene, und der große Unterschied ist: Ohne äußeres Ereignis, ohne äußeres Objekt, ohne äußeren Anlass. Sie sind auf nichts bezogen!

Vertrauen, Freude, Glück, Liebe!

Unsere Sprache hat keine eigenen Begriffe für diese Art des «Gefühls», deshalb will ich hier neue Begriffe einführen, damit Sie auch verbal unterscheiden können, dass spirituelles Glück nichts mit dem Drei-warme-Mahlzeiten-Glück, dem Guter-Job-Glück oder dem Zwei-süße-Kinder-Glück zu tun hat.

U- für Universell.

U-Freude, U-Glück, U-Liebe!

Wir sind hier, um das U-Glück zu erfahren.

U-Glück ist ohne Anlass, ohne Ursache und ohne Ziel.

Spirituelle Übung:
Die scheinbar positiven Gefühle verbrennen

Jetzt wäre es ein Fehler anzunehmen, dass positive Gefühle etwas Schlechtes wären. Das sind sie ganz sicher nicht. Es gibt nichts Schlechtes auf dieser Welt. «Schlecht» und «gut» sind von Menschen geklebte Etiketten, die keiner Realität entsprechen. Gott hätte Ihnen diese Gefühle nicht gegeben, wenn er nicht wollte, dass Sie sie empfinden. Weder negative, noch positive Gefühle müssen Sie vermeiden. Aber die *Identifikation* damit verhindert den Glücksdurchbruch, wegen dem allein Sie auf dieser Erde sind.

Sie wissen, dass Ihre Gedanken *alle* Gefühle erzeugen. Auch die positiven.

Versuchen Sie nicht gegen die Gedanken zu *kämpfen*. Versuchen Sie nicht die Gedanken der Höherwertigkeit zu *vermeiden.* Das wird Ihnen nicht gelingen, und das ist auch nicht das Ziel. Versuchen Sie nur zu erkennen, was Ihr Verstand da Interessantes macht. Und wenn Sie›s erkennen, lächeln Sie über sich selber. Lächeln Sie über Ihr Gedanken-Wesen, das da in Ihnen wohnt und diese lustigen Kapriolen schlägt. Es hat nämlich nichts mit Ihnen zu tun.

Sie betrachten sich selber wie einen Probanden in einer wissenschaftlichen Studie, der aus Versuchszwecken in verschiedene, scheinbar positive Situationen geworfen wird – nur um seine *Gedanken* während der Situation aufzuzeichnen. Weil es aber noch keinen Gedankenrekorder gibt, ist man auf Sie als Versuchsperson angewiesen, die ihre Gedanken selbst registrieren muss, um sie den Wissenschaftlern anschließend zu erzählen.

Wenn Sie das tun, werden Sie folgendes feststellen:

Ihre scheinbar positiven GEFÜHLE ... verschwinden! Friede kehrt zurück.

Alles, was ich Ihnen auf den vorigen Seiten über negative Gefühle erklärt habe, können Sie auch mit Ihren scheinbar «positiven» Gefühlen machen. *Verbrennen* Sie Ihre Gefühle, *verbrennen* Sie Ihre Gedanken.

Wenn es ein Ereignis gibt, das bei Ihnen großen Stolz ausgelöst hat, dann gehen Sie dieses Ereignis noch einmal gedanklich durch und wiederholen bewusst den gedanklichen Kommentar, den Sie sich selber dazu immer geben, solange, bis dieser Kommentar aufhört, seine zerstörerische Kraft zu zeigen. Sie haben die Gedanken verbrannt, Sie haben das Gefühl verbrannt.

Nehmen wir an, Ihre Fußball-Nationalmannschaft hat ein Spiel gewonnen. Gehen Sie danach in ein ruhiges Zimmer und verbrennen Sie das Gefühl oder verbrennen Sie die Gedanken – Sie werden erleben, Sie «fühlen» sich danach auf einer tiefen Ebene besser als direkt nach dem Sieg.

Auch eine andere, vorher schon beschriebene Methode zu den negativen Gefühlen und Gedanken können Sie auf die scheinbar positiven Gefühle anwenden.

Viele in den Glücksdurchbruch erwachte Menschen betonen, dass man die negativen Emotionen untersuchen und erkennen soll, dass hinter diesen Emotionen nur Leere, Stille und Frieden sind. Sie vergessen zu sagen, dass dies genauso für die objektabhängigen *positiven* Gefühle gilt.

Erkennen Sie, dass sowohl hinter den scheinbar positiven Gefühlen als auch hinter den scheinbar positiven Gedanken immer Stille und Frieden ist.

Untersuchen Sie diesen Stolz auslösenden Gedanken und schauen, was *dahinter* ist. Wo kommt er her? Ist hinter diesem Gedanken eine Realität?

Sie werden feststellen, dass hinter dem Gedanken nichts ist. Sie werden erkennen, dass dahinter Frieden ist.

Perspektivenwechsel:
Ich liebe vollkommen, «was ist»

Sie erinnern sich an den Perspektivenwechsel zu den negativen Gefühlen.

Sie haben drei Freiheitsgrade.

Ich liebe vollkommen das Gefühl – ich liebe vollkommen den Gedanken – ich liebe vollkommen das Ereignis.

Dasselbe gilt für die scheinbar positiven Gefühle. Es gibt allerdings ein Detail, das zu Missverständnissen Anlass geben kann. Es geht um den dritten Freiheitsgrad, um die dritte Stufe: «Ich liebe das Ereignis.»

Das verführt zu der Annahme: Ich mache es wie immer. Fußballweltmeisterschaft gewonnen – Riesen-Jubel, «wir sind wieder wer» – wie immer, oder?

Mit der Frage «wie würde ein Zweijähriges darauf reagieren?» sind Sie auch hier auf der richtigen Spur. Ein Zweijähriges (ein Kind von 24 Monaten) hat offensichtliche Freude, aber erstens, an *allem und jedem* und zweitens, es ist Freude ohne Gedankenkommentare – es identifiziert sich mit nichts. Freude einfach so!

Wenn Sie es schaffen sich zu freuen, *ohne* Gedankenkommentar, *ohne* ein Gefühl der Höherwertigkeit, *ohne* Identifikation mit Ihrem Land, *ohne* daran zu denken, wie bewundernd das Ausland jetzt auf Ihre Nation schauen wird ... dann wären Sie in der Stufe der höchsten Freiheit.

Ich weiß, dass das für die meisten meiner Leser fast unvorstellbar ist, aber es ist wichtig für Sie zu wissen, dass diese Möglichkeit in Ihnen angelegt ist. Sie würden sich dann genauso freuen, wenn Ihre Mannschaft *verloren* hätte. Denn dann gibt es *Ihre* Mannschaft gar nicht mehr, die anderen hätten gewonnen, und das wäre genauso Grund für kommentarlose Freude.

Genauso wie bei den negativen Gefühlen, gilt auch für die scheinbar positiven Gefühle:

Zuerst gibt es die Sache. Dann gibt es als Folge den Gedanken zu der Sache, dann kommt als Folge das Gefühl zur Sache. Je eher Sie kommentarlos lieben können, was ist, desto friedlicher wird Ihr Leben.

Sie haben eine Rede vor 32 Menschen gehalten. Danach kommen drei Leute zu Ihnen und gratulieren Ihnen zu dieser faszinierenden Rede.

Stufe 3: Es ist nur passiert, um deine Gefühle zu beobachten. Lass dich in das Gefühl fallen. Es ist völlig OK, so zu fühlen.

Stufe 2: Es ist nur passiert, um deine Gedanken zu beobachten. Du hast dich gerade «gut gefühlt», also MUSST du dir gesagt haben: «du bist höherwertig – du bist jemand.

Ah, DAS hast du dir gerade erzählt, interessant.» Es ist völlig OK, so zu denken.[7]

Stufe 1: Es ist nur passiert, um das Ereignis annehmen zu können. Wie würde ein Zweijähriges denken? Es ist völlig unwichtig, was hier gerade passiert. Es hat nichts mit dir zu tun. Das Ereignis ist egal.

Das ganze Leben ist nichts anderes als ein Versuchsaufbau von erzeugten Situationen, die keine Bedeutung haben, die nur deswegen passieren, um Ihnen zu ermöglichen, Ihre Gedanken zu beobachten und dadurch zu erkennen, dass NICHTS passiert ist, außer dass Sie ein paar lächerliche Gedanken bewegt haben.

Mehr ist das Leben nicht!

---

7 Wirksamer ist es, wie immer, mit sich in der dritten Person zu reden. «... er/sie ist höherwertig – er/sie ist jemand...». Damit ent-identifizieren Sie sich von Ihrem Gedanken-Wesen.

Ich bin bei der Vorbereitung zu diesem Buch meisterlich darin geworden, meine Gedanken zu beobachten. Ich habe versucht herauszufinden, welche unterschiedlichen Gedanken-Arten es gibt.

Ich bin auf circa 10 Schubladen gekommen, in die man die Gedanken einsortieren kann. Allerdings habe ich entdeckt, dass es keine Kategorie gibt, die ohne Überlappung mit einer anderen Kategorie existiert. Ein und derselbe Gedanke passt immer sowohl in diese als auch in jene als auch in wenigstens eine weitere Schublade.

Das über allem schwebende Prinzip, die treibende Kraft für fast alle unsere Gedanken ist der Wunsch jemand zu sein, ist die Sehnsucht, Bedeutung in den Augen der anderen zu haben. Daraus leitet sich die erste Kategorie ab, die unser ganzes Denken zu drei Vierteln dominiert.

Was denken die anderen von mir? Wie wirke ich?

Dies ist als Frage formuliert, aber der Kaskadengedanke dahinter ist immer eine Aussage:

Der- oder diejenige denkt/sieht jetzt sicherlich, wie bedeutend, wie toll, wie begabt, wie schön, wie intelligent, wie wohlhabend ich bin. Oder aber «wie unbedeutend, wie unbegabt, wie hässlich, wie dumm, wie arm ... ich bin».

Wir können uns nur bedeutend fühlen durch *andere* Menschen. Durch Menschen, in deren Augen wir hoffen «bedeutend» zu erscheinen. Ohne Mitmenschen keine Bedeutung. Wir erhoffen uns ein paar bewundernde Gedanken oder Worte oder, im Umkehrschluss, wir befürchten *negative* Gedanken oder Worte. Wir leben mit dem Ziel, dass andere, bitte, einen bestimmten Gedanken über uns haben sollen oder einen anderen bestimmten Gedanken *nicht* über uns haben sollen. Der Großteil unserer Gedanken dreht sich darum, dass andere Menschen uns bitte für dieses oder jenes halten sollen. 85% aller Ziele in dieser Welt werden gesetzt wegen dieses Gedankens. 90% unserer negativen Gefühle beinhalten diesen Gedanken.

Wir Menschen sind eine Rasse, die all ihr Tun danach ausrichtet, dass andere uns für bedeutend halten. Das gilt für Individuen wie für Gruppen (Nation, Firma, Familie).

Hier ein ausformuliertes Beispiel:
«Die dumme Kuh da drüben sieht jetzt sicherlich, dass ich sehr beliebt bin bei den anderen!»

**Ich bin minderwertig – ich bin niemand /
ich bin höherwertig – ich bin jemand.**

Dies sind all jene Gedanken, die schlechte, beziehungsweise gute Gefühle verursachen. Diese Gedanken sind dabei aber nur die finalen Kaskadengedanken. Meist ist der einzelne Gedanke vom wachen Verstand nicht mehr «hörbar». Darunter fallen auch alle Gedanken von versteckter oder offener Angeberei. Diese Kategorie überlappt sich in 8 von 10 Fällen mit der ersten Kategorie «was denken die anderen von mir?». Nur wenn beispielsweise der Ärger über eine zerbrochene Vase kommt (Objekt-Ärger), dann ist die Außen-Beurteilung außer Kraft gesetzt.

Hier ein ausformuliertes Beispiel:
«Christian hat nicht einmal heute angerufen. Er hat meinen Geburtstag vergessen. Meine Freunde werden sicher denken, dass ich keine Menschen habe, denen ich etwas bedeute. Ich habe Angst, dass die denken, dass ich nicht beliebt genug bin, dass niemand mich mag. Ich bin nicht wertvoll genug, dass man sich an mich erinnert. Ich bin minderwertig. Ich bin niemand!»

Etiketten kleben:
Beurteilen – Verurteilen – Kommentieren.

Sie kommentieren etwas, das Sie gerade beobachten. Es ist immer Daumen hoch oder Daumen runter. Laufen Sie durch die Fußgängerzone einer beliebigen Stadt dieser Erde und Sie erleben sich selbst als allerbestes Studienobjekt. Zweidrittel Ihrer Gedanken beinhalten das Kommentieren.

Überlappend dazu setzen Sie sich meist zu dem kommentierten Objekt in Bezug (ich bin höherwertig/ich bin minderwertig). Sie kommentieren Menschen, Dinge oder Ereignisse.

Hier ein ausformuliertes Beispiel:
«Mein Gott, wie einsam die zwei hier sitzen und verzweifelt darauf warten, dass jemand an ihren Stand kommt. Deren Zeug ist unbeliebt, die sind sicher verzweifelt. Ich würde da nicht sitzen wollen. Ich bin etwas Besseres.»

Vergleiche mit anderen

Sie vergleichen sich mit jemand anderem und beurteilen sich danach immer als höher- oder minderwertig. Dieses Vergleichen überlappt sich mit «Verurteilen» und mit der Kategorie «was denken die anderen von mir» und mit «Höher- oder Minderwertigkeit».

Hier ein ausformuliertes Beispiel:
«Wow, der spricht aber genial französisch! Ich kann das nicht annähernd so gut. Ich bin minderwertig – ich bin niemand.»

Tagträume

Tagträume sind Momente, in denen unsere Gedanken in Fantasiewelten abgleiten. Meistens sind wir selbst als handelnde Person in diesen Fantasiewelt involviert. Wir erleben uns nochmal in einer erlebten Vergangenheit, wir projizieren uns in eine gewünschte Zukunft oder wir verändern eine erlebte Vergangenheit zu unseren Gunsten. Seltener haben wir neutrale Tagträume, wo wir uns eine Vergangenheit oder Zukunft vorstellen, in der wir *nicht* vorkommen.

Ich-Tagträume: Vergangenheits-Dokumentation

Die erlebte Vergangenheit wird in Gedanken noch einmal durch-erlebt (ohne Korrektur, so wie sie war). Entweder ein *glorreicher* Moment oder eine erlebte *Niederlage/Unrecht*. Sie ist fast immer überlappt mit der Kategorie «wie habe ich gewirkt?». Seltener erlebt man eine normale Szene ohne eigene Höher- oder Minderwertigkeit, eine Szene, die einen aber trotzdem beeindruckt hat, z.B. einen beobachteten Unfall, einen erlebten schönen Blick auf eine Landschaft oder die Erinnerung an Szenen in einem Kinofilm. In dem Fall überlappt sich der Tagtraum sehr oft mit «Kommentieren – Urteilen».

Hier ein ausformuliertes Beispiel (mit gleichzeitig vorgestellten Bildern dieser Situation):
«Die Frau heute Morgen am Skilift hat ganz interessiert zu mir herübergeschaut. Ich habe ihr gefallen – das habe ich gemerkt. Ich bin höherwertig – ich bin jemand.»

Ich-Tagträume: Vergangenheits-Korrektur

Die erlebte Vergangenheit wird im Nachhinein in Gedanken «verbessert». Natürlich sind wir da «heldenhafter» und «siegreicher». Diese Kategorie könnte man auch überschreiben mit «Ich hätte damals XY machen sollen ...». Das schließt auch die «Was wäre, wenn ...»-Gedanken mit ein. «Was wäre, wenn ... ich Michael doch angerufen hätte? Dann ...»

Hier ein ausformuliertes Beispiel (mit gleichzeitig vorgestellten Bildern dieser Situation):

«So hätte es laufen sollen: Ich hätte den Taschendieb in der Fußgängerzone inflagranti gepackt und hätte ihn dann «im Reflex» mit einem Kinnhacken niedergestreckt. Der hätte sich das dann für immer gemerkt. Und alle Passanten hätten mich bewundert ...»

Ich-Tagträume: Zukunfts-Projektion

Die erwartete Zukunft wird entweder glorreich oder in einem Negativ-Szenario erschaffen. Sie sind bei einer Gerichtsverhandlung der Held, der alle durch seine Argumente blendet. Sie sehen sich, wie Sie Ihrem Chef bei der nächsten Sitzung souverän die Meinung sagen. Sie sitzen bei Thomas Gottschalks «Wetten Dass» als prominenter Gast auf der Couch. (Das schließt auch die «Was wäre, wenn ...»-Gedanken mit ein – aber diesmal nicht in die Vergangenheit, sondern in die Zukunft gerichtet. «Was wäre, wenn ... ich heute Michael anrufe, dann ...».)

Die Zukunfts-Projektion kann auch negativ ausfallen, dann ist das am besten mit dem Begriff «Sorge» umschrieben. Sie stellen sich vor, wie Ihr Bankkonto plötzlich im Minus ist. Sie haben einen Unfall, und niemand besucht Sie im Krankenhaus. Sie sterben. Diese Kategorie ist meistens wieder überlappt mit «was denken die anderen von mir».

Hier ein ausformuliertes Beispiel (mit gleichzeitig vorgestellten Bildern dieser Situation):

«Dann werde ich ihm ein Email schreiben und haarklein alle Fehler aufzählen, die ER bei dem Projekt gemacht hat. Dann werde ich ihm aufzählen: das Telefonat, das er einfach nicht weitergeleitet hat, dann den Rechenfehler, den ICH bei ihm entdeckt habe ... u.s.w Er erschreckt dann über die Liste und denkt: Ich war da nicht ganz fehlerlos,

da habe ich ihm (dem Denker) durch meine Vorwürfe gro-
ßes Unrecht getan.»

Objekt-Tagträume:
«Wie haben die das wohl gemacht ...?»

Sie gleiten in Fantasie-Welten ab, in denen Sie nicht selber
vorkommen. Sie stellen Hypothesen auf, Sie stellen sich selber Fragen oder Sie stellen sich geschichtliche Szenen vor.
Schauen Sie auf eine Landkarte oder besuchen Sie Vene-
dig, und Ihr Hirn dreht durch mit solchen Tagträumen.

Hier einige ausformulierte Beispiele (mit gleichzeitig vorge-
stellten Bildern dieser Situation):
*   *«Hier sind die damals also mit vierspännigen Pferde-*
    fuhrwerken durch gefahren, und die römischen Sol-
    daten mussten ausweichen.»
*   *«Ich würde dieses Haus hier toll renovieren und ein*
    Schmuckstück daraus machen.»
*   *«Ist zwischen dieser Bergkette da drüben und der*
    Bergkette dahinter ein Tal oder eine Alm?»
*   *«Wie haben die die Rohre hier wohl rein bekommen?»*
*   *«Wie sieht das hier wohl aus, wenn Schnee liegt?»*

Gedanken des praktischen Alltags

Sie planen eine Reiseroute, Sie bauen ein Gartenhaus, Sie
kochen etwas, Sie entwerfen ein Computerprogramm, Sie
überlegen, wie Sie den Rekorder programmieren. Die Menschen denken, dass die meisten unserer Gedanken um diese praktischen Dinge des Lebens kreisen. Aber das ist nur
der kleinste Teil dessen, womit wir uns beschäftigen.
Wenn man genauer hinschaut, befindet sich auch am
Kaskaden-Ende solcher scheinbar «neutralen» Gedanken
oft der Gedanke «wie wirke ich?» und auch der Gedanke der
«Höher- oder Minderwertigkeit».

Hier ein ausformuliertes Beispiel:

«So, wie komme ich jetzt zurück zum Bahnhof, mal kurz überlegen: zuerst laufe ich bis zur Backsteinkirche, dann am Park entlang bis zum Fluss, dann links über die Brücke und dann immer geradeaus, bis ich auf den Bahnhof stoße.»

Das waren sie: die Gedanken-Arten, die es gibt. Alle Menschen dieser Erde haben nicht mehr als diese paar Gedanken-Arten – es *gibt* nicht mehr. Ob John F. Kennedy, William Shakespeare, Alexander der Große, Goethe, Hitler, Lady Gaga, Kleopatra oder der Papst ... sie alle denken dasselbe, und die Gewichtung ist *nicht* anders als bei Ihnen. Alle Menschen dieser Erde sind gedanklich genauso arm wie Sie. Egal, ob sie weltlichen Erfolg haben oder auf der Straße leben.

Unsere Gedanken haben zu 85% mit unserer Wirkung auf andere zu tun.

Eine Fassade nach der anderen wird aufgebaut und mit großer Energie aufrecht erhalten. Eine Rolle nach der anderen wird erschaffen und mit Sorge verteidigt. Wir fühlen uns gut, wenn andere uns in dieser fiktiven Rolle bestätigen und fühlen uns schlecht, wenn die Rolle nicht bestätigt wird.

Wir sind auf dieser Erde, um endlich die Lächerlichkeit dieses Spiels zu erkennen und das ganze Spiel loszulassen.

Wir haben nichts auf dieser Welt zu erledigen, außer in den Glücksdurchbruch zu kommen und dort zu erkennen, wer wir wirklich sind.

Perspektivenwechsel:
Beobachten Sie sich beim «wie wirke ich?»

Machen Sie sich auf die Jagd nach Ihren Gedanken-Arten. Machen Sie ein Punkte-Spiel daraus. Jedes Mal, wenn Sie sich bei einer gewissen Gedanken-Kategorie erwischen, bekommen Sie einen imaginären Strich. Wenn Sie eine gewisse Anzahl Striche erreicht haben, dürfen Sie sich mit etwas belohnen. Sie nehmen natürlich einen Gedanken, den Sie möglichst häufig bei sich entdecken werden. Ich schlage Ihnen den Gedanken vor: «Was denken die anderen von mir, wie wirke ich?»

Sie werden sich sehr, sehr schnell belohnen dürfen.

Jagen Sie diesen Gedanken und lächeln Sie! Lächeln Sie über Ihr Gedanken-Wesen, das Ihnen all das nur schickt.

Alle Dinge, die in Ihrem Leben passieren, haben nur die Funktion, dieses Punktespiel machen zu können. Eine darüber hinausgehende Funktion haben die Dinge nicht.

Perspektivenwechsel:
Etwas klappt nicht – etwas ist nicht so, wie versprochen

Wenn irgendetwas nicht klappt, ein Gerät streikt, ein Programm nicht funktioniert, man in einer Website nichts bestellen kann, ein Mitarbeiter etwas verbockt oder vergessen hat, ein versprochener Telefonanruf nicht erfolgt ist … dann ist das der Beweis, dass das nicht wichtig war für den Ausgang Ihres weiteren Lebens – sonst wäre es ja nicht passiert. Alles, was Ihre SEELE will, das klappt, und alles andere will Ihre Seele nicht.

Jede Sorge ist unbegründet.

Denn sowohl der Gedanke als auch das Objekt, auf das sich die Sorge bezieht, sind unreal – beide existieren nur in Ihrer Vorstellung. Sorgen tauchen nur deswegen auf, damit Sie erkennen können, dass sie unbegründet sind – sonst würden sie nicht auftauchen. Sie brauchen sich nie mehr zu sorgen.

Jeder Ärger ist unbegründet.

Denn sowohl der Gedanke als auch das Objekt, auf das sich der Ärger bezieht, sind unreal – beide existieren nur in Ihrer Vorstellung. Ärger taucht nur deswegen auf, damit Sie erkennen können, dass er unbegründet ist – sonst würde er nicht auftauchen. Sie brauchen sich nie mehr zu ärgern.

Jede Angst ist unbegründet.

Denn sowohl der Gedanke als auch das Objekt, auf das sich die Angst bezieht, sind unreal – beide existieren nur in Ihrer Vorstellung. Ängste tauchen nur deswegen auf, damit Sie erkennen können, dass sie unbegründet sind – sonst würden sie nicht auftauchen. Sie brauchen sich nie mehr zu ängstigen.

So ist es mit all Ihren negativen Gefühlen. Jedes negative Gefühl hat einen vorauseilenden Gedanken. Jedes negative Gefühl hat einen Anlass.

Jedes Mal, wenn Sie ein negatives Gefühl empfinden, ist das ein Signal des Universums, um Sie daran zu erinnern, dass weder der Anlass noch der Gedanke an den Anlass eine Realität haben, Sie denken gerade eine Lüge.

Nur deswegen gibt es negative Gefühle. Eine darüber hinausgehende Funktion gibt es nicht.

Es gibt keine richtige Entscheidung

Wir haben einen freien Willen, aber die Entscheidungen des freien Willens haben keine Auswirkungen auf den Ausgang des Lebens. Es ist im Alltagsbewusstsein eigentlich völlig unwichtig, wie wir entscheiden.

Ob ich studiere oder einen Lehrberuf ergreife, ob ich heirate oder ledig bleibe, ob ich Kinder haben soll oder keine, ob ich mich selbstständig mache oder nicht, ob ich in Düsseldorf wohne oder in Paris, ob ich nach Mallorca oder nach Schweden in Urlaub fahre, ob ich Chantal anrufe oder nicht ... und all die hunderttausend kleinen und größeren Entscheidungen dieses Lebens sind letztendlich völlig ohne Belang.

Der freie Wille hat als einzige Funktion, uns zu erlauben, nicht relevante *Umwege* zu laufen und dadurch das Leid zu verlängern. Und das nutzen wir ausführlich! Aber zum Schluss gibt es nur *eine* Entscheidung, die relevant ist: Schlage ich den Weg des Glücksdurchbruchs ein oder bleibe ich weiter im Traum?

Das Leben läuft in endlosen Zickzackkurven und verschlungenen Pfaden am Ende unserer Erden-Aufenthalte sowieso auf *ein* Ziel zu: den ewigen Frieden, das ewige Loslassen, die ewige Liebe bereits hier auf der Erde. Das ist das Ziel und der Ausgang einer jeden Menschenseele. Der Rest dazwischen ist ohne Bedeutung.

Unsere Entscheidungsfreiheit ist dieselbe wie die eines Insekts, das in einer Schuhschachtel gefangen gehalten wird. Egal, für welchen Weg, für welche Flugrichtung und für welche Strategie sich das Insekt innerhalb seines Schuhschachtelgefängnisses entscheidet, es bleibt immer in der nachtschwarzen Schachtel. Viele tapezieren die Schuhschachtel, sie bauen Straßen innerhalb der Schuhschachtel, Sie versuchen, die Schuhschachtel komfortabel einzurichten ... Sie bleiben immer noch in der dunklen Schachtel. Die einzige Entscheidung, die wirklich relevant ist, ist die, diese Schachtel für immer zu verlassen.

Es gibt keine richtige Entscheidung, und es gibt auch keine falsche Entscheidung. Jede Entscheidung ist genauso richtig wie jede beliebige andere Entscheidung. Jedes Ziel, das Sie anvisieren, ist ein illusorisches Ziel. Denn es ist ein Ziel innerhalb der Schuhschachtel. Das Ziel wird Sie nicht zu dem Ergebnis der guten Gefühle führen, die Sie durch ein Erreichen des Ziels erwarten. Sie brauchen keine Ziele im Leben. Das einzige wichtige Ziel ist der Glücksdurchbruch.

Deswegen ist auch jede Entscheidung, die Sie fällen, egal. Denn Sie wollen «richtige» Entscheidungen fällen, um Ihre *Ziele* zu erreichen. Wenn aber die Ziele für den Ausgang Ihres Lebens unwichtig sind, dann sind auch die Entscheidungen, um die Ziele zu erreichen, für den Ausgang Ihres Lebens völlig unwichtig. Sie *können* nicht falsch entscheiden.

Das erleichtert Ihnen in Zukunft jede Entscheidung. Sie können viel schneller, ohne Überlegung, ohne Abwägung, entscheiden, denn es ist sowieso egal.

Der Glücksdurchbruch

In den Glücksdurchbruch zu kommen, ist gar nicht so schwer, wie Sie vielleicht denken. Sie laufen ständig am Rande des Glücksdurchbruchs entlang und könnten jederzeit fallen.

Den Glückdurchbruch zu erleben ist nicht nur unser Geburtsrecht, es ist sogar unsere Geburtspflicht. Es ist der einzige Grund, weshalb Sie immer und immer wieder geboren werden.

Ich schätze, dass heute (Stand 2011) circa 3.000 bis 7.000 Menschen auf dieser Erde im Glücksdurchbruch leben. Das heißt: Unter einer Million Menschen finden Sie etwa *einen* Glücksdurchgebrochenen. Wir leben in einer Phase, in der es mehr Menschen gibt, die den Glückdurchbruch erreichen, als Menschen im Glückdurchbruch, die die Erde verlassen. Deshalb steigt im Moment Jahr für Jahr die Anzahl der Glücksdurchgebrochenen auf dem Planeten an.

Viele Menschen, die den Glücksdurchbruch erfahren, lachen erst einmal sehr lange – weil sie plötzlich mit ihrem *Sein* erfahren, wie lächerlich unwichtig alles war und ist. Sie lachen, weil scheinbar niemand sieht, dass er nur in einem Film gelandet ist. Wer den Glücksdurchbruch erfahren hat, kann nie mehr zurück in sein altes Leben. Der Glücksdurchbruch ist irreversibel.

Es hat Jahrzehnte meines Lebens gedauert, bis mir klar geworden ist, was der Glückdurchbruch wirklich darstellt. Es war etwa Mitte des Jahres 2009, wo es mir mit Präzision klar wurde.

Der Glücksdurchbruch verändert Sie vollkommen. Sie sehen noch dieselbe Welt, aber Sie sehen sie mit anderen Augen, Sie sehen etwas, was andere anscheinend nicht sehen können.

Es gibt sehr viele Merkmale, die nach dem Glücksdurchbruch für Sie anders sein werden. Es lässt sich nicht genau
auseinanderhalten, was nun genau Ursache und was die
Folge ist. Aber die ersten vier Merkmale sind für alle gleich,
und sie sind der Kern des Glücksdurchbruchs:

1. Ihre Persönlichkeit löst sich auf. Es gibt niemanden
mehr. Es gibt kein «Ich» mehr, das erlebt. Sie als
Person mit Namen, Alter und Geschichte sind verschwunden – das gibt es nur noch als Etikett für die
anderen. Sie aber empfinden: Da ist niemand mehr
zu Hause.

2. Sie sehen, erleben und fühlen sich eins mit allem und
jedem. Alles, was Sie sehen, hören, fühlen, schmecken, sind Sie selber und gleichzeitig alles, was ist.

3. Sie sehen überall nur Liebe. Sie haben unendliche
Liebe zu allem und jedem, das Ihnen begegnet. Liebe
gegenüber jedem Baum, jeder Blume, jedem Stein,
jedem Krieg, jeder Vergewaltigung, jedem Mord, gegenüber jedem Wutanfall, den Sie vielleicht noch
haben. Liebe gegenüber jedem Ihrer Gedanken, gegenüber jedem Gedanken Ihrer Mitmenschen, Liebe gegenüber jedem ihres Verhaltens, gegenüber jedem Verhalten Ihrer Mitmenschen.

4. Sie geben Ihren freien Willen auf – Es heißt dann tat-
sächlich «der Wille des Universums ist mein Wille.»
Sie tun das, was «ES» durch Sie tut. Sie geben Ihre
Kontrolle auf.

Die Glücksdurchgebrochenen erleben aber noch sehr viele weitere Merkmale, die, je nachdem, mehr oder weniger
stark ausgeprägt sind. Hier sind sie:

Sie hören praktisch auf zu denken. Sie sind die meiste Zeit
gedankenfrei. Kein kommentierender Gedanke zu irgend-

etwas, was gerade passiert, keine was-wäre-wenn Gedanken, keine Beurteilung, keine Verurteilung. Es gibt nur noch Gedanken für den praktischen Alltag. Sie sind zu 90% gedankenfrei.

Sie leben wie ein Zweijähriges ständig im Moment. Die Zeit ist für Sie verschwunden. Denn es gibt kein Gedanken an die Vergangenheit mehr, keine Gedanken an die Zukunft.

Sie leben in totaler Angstfreiheit. Keine Zukunftsangst, keine Angst vor dem Alleinsein, keine Angst vor dem Scheitern, keine Sorgen, keine Probleme mehr.

Sie haben nicht mehr die geringste Angst vor dem Tod. Sie können jederzeit, sofort und unmittelbar gehen.

Das ist das vollständige und endgültige Loslassen von allem, was materiell, körperlich und irdisch ist. Sie haben keine Anhaftung an Ihren Besitz, an Ihre Beziehungen, an Ihre Familie, an Ihre Kinder mehr, Sie könnten auf jede Ihrer erworbenen Fähigkeiten und Talente verzichten

Sie empfinden ständig tiefen Frieden.

Ihre selbst gestellten Lebensaufgaben sind verschwunden. Es gibt keine Ziele mehr, keine Aufgaben und auch keine Wünsche. Alles, was es braucht, *ist* bereits.

Die Vorstellung, der Körper zu sein, verschwindet.

Sie hören auf, jemand Spezielles, Einzigartiges sein zu wollen. Sie sind ein Niemand, ein Nichts, und Sie lieben es!

Sie leben in ständiger Meditation und Bewusstheit. 24 Stunden pro Tag. 365 Tage pro Jahr. Bis zum Lebensende. Sie haben die Kontrolle über Ihr Leben aufgegeben, Sie ergeben sich dem, was ist. Sie lassen sich nur noch von Ihrer

Intuition leiten, Sie suchen keine Sicherheiten mehr. Das Leben kümmert sich um sich selbst – Sie sind das Leben.

Sie empfinden keine Verpflichtungen mehr. Sie *haben* keine Verpflichtungen mehr. Sie haben sie in Wahrheit auch nie gehabt.

Sie spüren, Sie leben in einem Traum. Das Tagesgeschehen wird als Traum erlebt. Sie sind in dieser Welt, aber nicht von dieser Welt.

Aus Ihnen spricht eine vollkommene Intelligenz, ohne dass es ein Ich gibt, das sich das zuschreiben kann. Das Leben wird aus der Intuition heraus geführt. Sie sind eins mit der höchsten Intelligenz, mit allem, was ist, mit Gott. Sie können sagen «ich bin die Wahrheit, ich bin das Leben».

Sie erkennen, dass nichts eine Bedeutung hat, dass es nie ein wirkliches Ziel gegeben hat oder jemals geben wird.

Das Ende aller Fragen. Es gibt kein «Glauben», kein Zweifeln mehr. Sie wissen: «Das ist ES».

Sie wollen nirgendwo mehr hinkommen, Sie wollen niemand mehr werden. Sie sind zu Hause.

Was *nicht* Teil des Glücksdurchbruchs ist, dass Sie plötzlich paranormale Fähigkeiten haben. Heilen, Gedanken lesen, Wetter beeinflussen, Zukunft voraussagen ... paranormale Fähigkeiten und Glücksdurchbruch haben nichts miteinander zu tun. Es kann wohl vorkommen, dass auch ein Glücksdurchgebrochener diese Fähigkeiten hat, aber das ist eine Zufälligkeit.

Beim Glücksdurchbruch erleben Sie die Welt so, wie ein Zweijähriges, das nichts beurteilt und kein Konzept von irgendetwas im Kopf hat. Sie *sind* einfach.

Das Buddhistische Orakel

Es gibt in der buddhistischen Tradition den Brauch des Ora-
kels. Da gibt es Personen, die stellen sich als Medium zur
Verfügung, werden in Trance versetzt und dann von einer
geistigen Autorität aus dem Jenseits «übernommen». Der
fremde Geist fährt buchstäblich in sie ein. Dann stellt man
diesen Personen Fragen, und sie sprechen große Wahrheiten aus. Sie sprechen teilweise in anderen Stimmen, sie
reden über Details der fragenden Person, die niemand außer dieser Person wissen kann, sie geben Ratschläge von
großer Weisheit.

Diese Orakelbefragungen gibt es in allen Kulturen. Die
Geister, die da in die Körper fahren, sind nicht immer friedlich, sie sind teilweise zornig, teilweise eitel und teilweise
auch verwirrt.

Nach circa einer Stunde geht, nach einem kurzen Zere-
moniell, der Geist wieder aus dem Körper der Gastperson
heraus, und die Person ist wieder «sie selber». An nichts von
dem, was durch sie gesprochen wurde, kann sie sich erinnern. Nach solchen Orakel-Sitzungen sind die Personen
völlig erschöpft und wie gerädert.

Auch Sie, lieber Leser, wurden schon von so einer fremden
Autorität besetzt. Das ist so, seitdem Sie circa ein Jahr alt
gewesen sind. Diese fremde Autorität, die denkt, sie sei
«Besitzer» Ihres Körpers, ist das «Ich». Sie selber sind dieser fremde Geist.

Sie denken, Sie sind Sie selber. Aber Sie sind «besessen».
Besessen von dem Gedanken, dass es Sie als Person gibt.

Das Ich ist eine Fiktion, ein fremder Geist.

Wenn Sie dereinst in den Glücksdurchbruch erwachen,
werden Sie sich nur noch mit Mühe an diese Person erinnern können.

Im Glücksdurchbruch werden Sie dann das Bedürfnis haben nicht mehr zu sagen «Ich fühle kalt» sonder Sie sagen «hier wird kalt gefühlt», das passt dann besser zu dem, was in Ihnen vorgeht. Denn dieses «Ich» wird nicht mehr erlebt. Nicht «ich» erlebe, sondern «ES» erlebt durch diesen Körper.

Sie können gar nicht anders, als permanent nur der *Beobachter* zu sein.

Das Schwimmen im Ozean

Stellen Sie sich folgendes vor: Sie schwimmen allein in einem riesigen Ozean und sehen kein Land. Sie versuchen verzweifelt, den Stürmen und Gefahren zu trotzen, um irgendwann an einen Ort zu gelangen, wo Sie festen Grund unter Ihre Füße bekommen. Das tun Sie Tag für Tag, Woche für Woche, Monat für Monat, Jahr für Jahr. Sie strampeln sich ab, nur wegen dieser Sicherheit des festen Grundes, aber Sie wissen nicht, in welche Richtung.

Bis Sie eines Tages entdecken, dass Sie nur die Beine nach unten fallen lassen müssen, denn ... unter Ihnen ist JETZT schon fester Grund, er war schon immer da, Sie haben es die ganze Zeit durch Ihr angestrengtes Abstrampeln nur nicht bemerkt.

Und genauso ist es auch mit dem Glücksdurchbruch. Der Glücksdurchbruch ist nicht in weiter Ferne, Sie müssen sich nicht abstrampeln, Sie müssen nichts dafür tun, Sie sind bereits an dem Punkt, wo Sie ihn erleben können. Sie müssten nur *den Mut haben*, sich fallen zu lassen – und Sie hätten festen Grund.

Alles, was es braucht für den Glücksdurchbruch, ist bereits JETZT HIER. Für jeden Menschen!

Alles verzweifelte Schwimmen um Sicherheit war umsonst. Wir mussten nie irgendwo hinschwimmen, nie irgendwo ankommen, es hat nie eine Gefahr gegeben. Wir sind bereits jetzt schon da.

Sie müssen nichts an sich ändern, Sie brauchen keine neuen spirituellen Übungen zu machen, Sie müssen kein Trainingsprogramm durchlaufen. U-Frieden, U-Glück, U-Vertrauen ist bereits jetzt verfügbar.

Das ist eine Tatsache.

Es ist nur unsere *Vorstellung*, dass irgendetwas in unserem Leben fehlt. Glücksdurchbruch bedeutet zu erkennen, dass es jetzt schon so ist, wie es auch immer schon so war: Das Leben ist perfekt. Es gibt nichts zu tun.

Kein Erfolg, kein Ruhm, kein Wohlstand, keine Sicherheit, keine Anerkennung, kein «Welt Retten», kein «anderen Helfen», keine Ehe, keine Kinder ... Wir brauchen nichts!

Jetzt schlucken Sie erst einmal!

«Wenn keiner mehr dem anderen hilft, wenn niemand die Welt retten will», so höre ich da einige sagen, «dann bleiben wir in der Misere, die jetzt auf der Erde herrscht, dann ändert sich nichts.»

Zwei Dinge hierzu.

Erstens: Wenn die Menschen im Glücksdurchbruch leben, dann hört die Hilfe für andere nicht auf, der einzige Unterschied ist: Da hilft niemand mehr, ES wird geholfen. Die Menschen tun nach wie vor, was sie tun – aber intuitiv, vom Impuls gesteuert. Eine höhere Macht tut es durch sie. Wenn es diese höhere Macht aber nicht durch sie tut, dann *tut* sie es nicht, und sie haben kein Problem damit.

Was Sie nach dem Glücksdurchbruch tun werden, *weiß* keiner. Vielleicht gehen Sie für den Rest Ihres Lebens in einer Höhle meditieren, vielleicht werden Sie Musiker, vielleicht geben Sie Kurse, vielleicht organisieren Sie eine Truppe, die die liegengebliebenen Essensreste der europäischen Restaurants jeden Abend nach Asien und Afrika in die Hungergebiete fliegt ...

Das alles *wird* durch Sie passieren. Aber *Sie* entscheiden nicht mehr darüber. ES entscheidet durch Sie.
Und genau davor haben Sie Angst. Sie glauben nämlich, dass Sie Kontrolle haben müssten über Ihr Leben und Ihr Tun. Aber das haben Sie nie gehabt, und im Glücksdurchbruch erkennen Sie das nur. Sie haben plötzlich U-Vertrauen. Das Universum weiß, was es tut.

Zweitens: Es wird danach sogar MEHR Menschen geben, die helfen, die Gutes tun. Denn das Universum will Sie ja mit irgendetwas beschäftigen. Sie haben nur keine Kontrolle mehr darüber. Und irgendetwas wird Ihnen von oben als Ersatz gegeben, wenn Sie keine Erfolge mehr anhäufen und keine Kinder mehr haben müssen. Das Universum will, dass wir im Paradies leben. Und es wird alles tun, dass wir es so erleben.

Spirituelle Übung: Im Jetzt landen

Weder Gedanken noch Gefühle haben eine Realität. Jeder Ihrer Gedanken, jedes Ihrer Gefühle basiert auf einer Fiktion. Es hat nichts mit dem zu tun, wer Sie wirklich sind. Sie sind niemand, Sie sind Leere, Sie sind eins mit allem, Sie sind Liebe.

Es gibt nur den jetzigen Moment. Dadurch, dass wir *denken*, verpassen wir ihn ständig. Es gibt nur ein einziges Problem auf dieser Welt: Das Denken!
Es gibt nur eine einzige wahre Freiheit auf dieser Welt: die Freiheit vom Denken.

Sie haben eine Möglichkeit, wie Sie den jetzigen Moment tatsächlich kurz erleben können.

Die spirituelle Wahrheit ist: Alles ist schön, alles ist Frieden. Das einzige, was etwas nicht schön und unfriedlich macht, sind unsere Gedanken.

Schauen Sie sich im Raum um, in dem Sie sich gerade befinden. Schauen Sie, wie perfekt alles ist. Schauen Sie den Frieden, der hinter allem ist. Schauen Sie die göttliche Energie, die in jedem Objekt steckt. Schauen Sie, wie alles schön ist, so wie es ist. Schauen Sie, wie das Universum alles um Sie herum mit Liebe gefüllt hat ...

Wenn Sie ES auch nur für den Bruchteil einer Sekunde erfahren haben, hat es sich bereits für Sie gelohnt. Da war er, der Moment im Jetzt. Keine Gedanken – nur Sein.
Sie können das bereits *jetzt* erleben. Sie erleben einen kurzen Einblick in das, was Sie im Glücksdurchbruch als Dauerphänomen haben.

Es geht für Sie gar nicht darum, möglichst lange in diesem Zustand von «gefühltem Wissen» zu sein, sondern es geht darum, dass Sie das möglichst *häufig* sind. Nicht die Länge, sondern die Anzahl ist entscheidend!

Deshalb machen Sie möglichst häufig am Tag diese kurze Übung. Und Sie können nicht verhindern, dass sich Ihr Bewusstsein verändert.

Perspektivenwechsel: Der jetzige Moment

Jeder Moment Ihres Lebens, mit allem was darin passiert, ist nur dazu da, um Ihnen die Möglichkeit zu geben, in diesem Moment in den Glücksdurchbruch zu fallen.
Es gibt keinen einzigen Moment, der eine darüber hinausgehende Bedeutung hat.

Sie werden den Glücksdurchbruch nicht erreichen, wenn das eines von mehreren Zielen ist, die Sie noch in diesem Leben erreichen wollen. Sie wollen den Glücksdurchbruch, aber auch noch gleichzeitig der anerkannte Erfolgstrainer werden, Sie wollen den Glücksdurchbruch aber auch noch gleichzeitig schnell eine Familie gründen, Sie wollen den Glücksdurchbruch, aber auch noch gleichzeitig eine Wohltätigkeitsorganisation zum Erfolg führen ... Sie müssen den Glücksdurchbruch zu Ihrem *Hauptziel* des Lebens machen. Stunde für Stunde, Tag für Tag, Woche für Woche, Monat für Monat, Jahr für Jahr, Jahrzehnt für Jahrzehnt ... beschäftigt sich Ihr Verstand mit nichts anderem mehr als dem.

Sie klettern einen riesigen Vulkanberg hoch, Ihr Ziel ist der Kraterrand. Sie haben Ballast auf dem Rücken. Stück für Stück lassen Sie Ballast fallen, und dadurch kommen Sie schneller nach oben. Jedes Stück Bewusstseinserweiterung bringt Sie ein paar Meter weiter nach oben. Sie klettern Wochen, Monate und Jahre. Irgendwann kommen Sie am Kraterrand an, dies ist die Todeszone. Im Vulkanschlund brodelt die kochende Lava.

Am Kraterrand zu stehen bedeutet, dass Sie bereit sind, alles, alles, alles loszulassen, im Eintausch *nur* gegen den Glücksdurchbruch. Ihren Besitz, Ihren Wohlstand, Ihre körperliche Funktionsfähigkeit, Ihre erworbenen Fähigkeiten, Ihre Beziehungen, Ihre Anerkennung, Ihre Familie, Ihren Namen, Ihre Geschichte, Ihre Identität, Ihre Überzeugungen, Ihre Glaubenskonzepte, Ihren Ichgedanken ... ALLES.

Wenn Sie den mutigen Schritt in die «Todeszone» machen, geben Sie den Mächten da oben den Auftrag, Sie zu schubsen. «Ich bin bereit zu fallen». Diesen Satz müssen Sie dem Universum ohne Zweifel mitteilen. Sie können nicht aktiv von alleine springen – Sie müssen es dem Universum *mitteilen*. Wann und wie das Schubsen passiert, ist außerhalb Ihrer Macht. Sie können nicht aktiv springen. ES tut es. Aber wenn der Wunsch tief und ohne Vorbehalt ist, dann wird es passieren.

Vor dieser Transformation haben wir Angst!

Die Angst sich zu transformieren ist dieselbe Angst, wie am Ende des Lebens das irdische Vergnügen zu verlassen. Die Anerkennung, die Wohnung, die Frauen / die Männer, den Sex, die Familie, die Kinder ... all das, vom dem wir bisher geglaubt haben, dass da unsere «guten Gefühle» herkommen.

Da ist die Angst, vielleicht als Bettler, Schwerkranker, als Ausgestoßener, mit körperlichen Schmerzen zu enden und in den Augen der Gesellschaft plötzlich «niemand» mehr zu sein.

Unser geheimes Ziel ist es, *beides* zu haben: Erstens im Glücksdurchbruch zu sein und zweitens auch noch die weltliche Anerkennung, Gesundheit und Wohlstand zu haben. Um diese Illusion zu nähren hat die Menschheit Berufsstände geschaffen, die das Unvereinbare vereinen. Das sind dann die «spirituell Angekommenen» inklusive sozialer Anerkennung und ehrbarer Stellung: die Gurus, die Fakire, die Jogis, die Mönche, die Mullahs, die Pfarrer, die Bischöfe ... oder welche Namen wir ihnen auch sonst noch gegeben haben. Wenn Sie genau hinsehen, sehen Sie dort fast nie einen wirklichen Glücksdurchbruch. Dort sehen Sie nur mentale Konzepte, verdichtete Gedanken (das, was man «Glauben» nennt) und vielleicht ein paar paranormale Fähigkeiten. Dort ist kein wirkliches «gefühltes Wissen», keine Erfahrung dessen, was diese Menschen verkünden.

Wenn Sie sterben, dann müssen Sie sowieso alles, alles, alles restlos loslassen. Ihr Vermögen, Ihre Fähigkeiten, Ihre soziale Anerkennung, Ihre Beziehungen, Ihre Freunde, Ihren Partner, Ihre Kinder, Ihre Eltern, Ihr Vermögen, Ihren Besitz, Ihre Gesundheit, Ihren Beruf, all Ihre hundertfach gespielten Rollen ... ALLES.

Beim Glücksbruch geht es darum, dass Sie dies alles JETZT schon loslassen. Sie müssen bis zur letzten Faser Ihres Herzens bereit dazu sein. Ob man Ihnen dann wirklich alles nimmt, ist unbestimmt. Aber Ihre Bereitschaft dazu wollen die da oben sehen.

Wenn Sie genau hinschauen, brauchen Sie das alles ja sowieso nicht. All diese Dinge sind ohnehin nur eine Illusion, und diese Illusion hat Sie bis jetzt auch nicht glücklich gemacht.

Lassen Sie mich mit Ihnen einmal anschauen, was das «Loslassen der Welt» in letzter Konsequenz bedeuten könnte.

Anerkennung loslassen

Sie schlafen in Ihrer Heimatstadt irgendwo in einer Nebenstraße auf einem Karton auf dem Gehsteig. Sie sind in zwei löchrige Decken eingehüllt. Alle, die Sie vorher als anerkanntes Mitglied der Gesellschaft gekannt haben, sehen Sie da liegen und versuchen verstohlen geradeaus zu schauen. In der Nacht kommen angetrunkene Jugendliche vorbei. Sie schlafen. Einer von ihnen tritt mit seinen Militärstiefeln «aus Spaß» auf Ihr Gesicht ein, bis Ihr Hirnschädel einen Riss bekommt ...

Sind Sie bereit dafür ...?

Fähigkeiten loslassen

Sie können singen, Sie können Klavier spielen, Sie können Englisch, Sie können verhandeln, Sie können Tischtennis spielen, Sie können Frauen erobern, Sie können Auto fahren, Sie können gut schreiben, Sie können gute Geschäfte machen, Sie können Häuser planen, Sie können malen, Sie können Wohnungen schön einrichten ... Das alles sind *Fähigkeiten*, die Sie erworben haben und bis jetzt mit Ihrer Persönlichkeit verwoben haben. Das ist ein Teil von «Ihnen». Das ist ein großes Stück dessen, was Ihre Identität ausmacht. Sie haben dafür Talent gehabt, trainiert, geübt, Entbehrungen auf sich genommen, und jetzt beherrschen Sie es. Das alles, alles, alles würden Sie notfalls aufgeben. Sie könnten plötzlich *nichts* mehr. Sind Sie bereit dafür ….?

Beziehungen loslassen

Ihre Eltern, Ihre Freunde, Ihre Kinder, Ihr Partner, Ihre liebgewonnenen Menschen, die Sie schätzen und vermissen, wenn Sie nicht da sind. Die würden sich nie mehr bei Ihnen melden. Sie sind allein, allein, allein.
Sind Sie bereit dafür …?

Menschen loslassen

Die Menschen aus Ihrem inneren Kreis sterben. Sie lassen sie ohne Anhaftung gehen. Das schließt Ihren Partner, Ihre Kinder und Eltern mit ein.
Sind Sie bereit dafür …?

Identifikationen loslassen

Können Sie sich einen Zustand vorstellen, in dem Sie sich mit NICHTS mehr identifizieren?
Alle Identifikation mit Ihrer Religion, mit Ihrem Beruf, mit Ihrer Nation … lösen sich auf.
Alle Identifikation mit Gruppenzugehörigkeiten, mit den Vegetariern, mit den SPD-Wählern, mit den Oldtimer-Fahrern, mit den Wagner-Liebhabern, mit den Spirituellen … lösen sich auf.
Auch die Identifikation mit Ihren Kindern und Ihrer Familie gibt es nicht mehr.
Sind Sie bereit dafür …?

Rollen loslassen

Alle Rollen, die Sie im Moment spielen, lösen sich auf. Chef, Untergebener, Kunde, Priester, Lehrer, Parteivorsitzender, Herzensbrecher … und jetzt die zweit-härtesten

Rollen: Vater, Mutter, und jetzt die härteste: Frau, Mann! Auch die Geschlechter-Rollen sind nur Rollen – alle diese Rollen fallen weg.

Sind Sie bereit dafür ...?

Ansichten loslassen

Jeder Glauben, jede Überzeugung, jede Ansicht ist ein Teil dessen, für was Sie sich halten. Die Überzeugung, dass Demokratie besser als Kommunismus ist, dass es keine Hölle gibt, dass Jesus unser Erlöser ist, dass Kindern in der Schule Lesen und Schreiben beigebracht werden muss, dass Harz IV Empfänger krankenversichert sein sollen, dass Ausländer die deutsche Sprache erlernen sollen ... Alle diese mentalen Konzepte lösen sich auf.

Sind Sie bereit dafür ...?

Gefühle loslassen

Sie haben nicht mehr diese Ich-bezogene Freude, wenn «Ihre» Fußball-Nationalmannschaft gewinnt, wenn Ihr Sohn das erste Mal Papa sagt, wenn Sie einen Auftrag an Land gezogen haben, wenn Sie den Menschen Ihres Herzens das erste Mal küssen, wenn Sie ein Golfturnier gewonnen haben.

Sind Sie bereit dafür ...?

Ich wiederhole noch einmal: Es ist nicht so, dass Sie das alles loslassen *müssen*, Sie müssen nur *bereit* dazu sein. Es kann sein, dass Ihnen nichts von dem genommen wird – oder alles – aber Sie haben nicht die Kontrolle darüber. Der Glücksdurchbruch mit einer klitzekleinen Bedingung funktioniert nicht. Gott lässt nicht mit sich handeln.

So erreichen Sie den Glücksdurchbruch

Was viele Menschen in Verwirrung hält, ist die «Entweder – oder»-Vorstellung. Sie denken, eine Sache müsse *entweder* so *oder* anders sein, beides sei *nicht* möglich. Aber in der spirituellen Welt gilt meistens das «sowohl – als auch» Prinzip. Zum Beispiel denken viele: Entweder gilt die Evolutions-Theorie von Darwin, wonach sich alle Spezies über das Prinzip «Überleben des Stärkeren» ständig verbessert haben ODER es gilt das Prinzip, dass eine höhere Intelligenz dies alles erschaffen hat. Beide haben Recht. «Sowohl – als auch» ist gültig.

Genauso ist es hier.

Es gibt den Ansatz, dass man den Glücksdurchbruch in der Zeit erreichen kann, und es gibt den Ansatz, dass man ihn nur im JETZT erreichen kann! Beides ist richtig. Ich werde darauf später noch im Detail zu sprechen kommen.

Lassen Sie mich zunächst die erprobten Vorgehensweisen für Sie aufzeigen.

Ich kenne drei Möglichkeiten, zum Glücksdurchbruch zu kommen. Wir spielen hier aber Roulette.

Beim Roulette gibt es gleich viele rote und schwarze Zahlen. Wenn Sie auf Schwarz setzen und eine schwarze Zahl fällt, dann bekommen Sie Ihren doppelten Einsatz ausbezahlt. Stellen Sie sich vor, Sie haben einen Roulette-Kessel A mit 80 % schwarzen Zahlen und 20 % roten, und daneben haben Sie einen Roulette-Kessel B mit 50 % schwarzen Zahlen und 50 % roten. Bei beiden Roulette-Kesseln bekommen Sie im Falle eines Gewinns das Gleiche ausbezahlt. Wenn Sie intelligent sind, dann spielen Sie immer auf dem Roulette-Kessel A, wo die Wahrscheinlichkeit bei 80% liegt, und nicht im Kessel B, wo die Wahrscheinlichkeit nur bei 50 % liegt. Die Trefferquote ist einfach viel höher.

Genauso ist es mit den Methoden zum Glücksdurchbruch. Sie haben unterschiedlich hohe Wahrscheinlichkeiten. Die eine Methode ist nicht besser als die andere, bei jeder können Sie gewinnen, aber die Chancen, dass Sie einen Treffer landen sind einfach verschieden.

Sie tun gar nichts

Nach der Lektüre meines Buches schütteln Sie den Kopf über den Unsinn, Sie kehren unverändert zu Ihrem normalen Leben zurück. Sie versuchen, Ihre Karriere weiter auszubauen, lesen weiter täglich die «Financial Times», pflegen Ihre abenteuerlichen Hobbies, überlegen, ob Sie nicht noch ein drittes Mal heiraten, weil es bis jetzt einfach noch nicht «die Richtige» war, und Sie sagen Ihren Kindern, dass es wichtig ist, den Eltern ewig dankbar zu sein. Spiritualität ade, das «echte Leben» hat Sie für immer wieder. Trotzdem erfahren Sie plötzlich eines Tages den Glücksdurchbruch.

Auch das kann funktionieren. Es gibt Berichte von Glücksdurchgebrochenen, die, ohne je vorher Kontakt zu spirituellen Gedankengut zu haben, den Glücksdurchbruch erfuhren. Aber ... dieser Roulettekessel hat sehr wenige schwarze Zahlen. Die Wahrscheinlichkeit ist sehr, sehr gering. Ich sage: Sie geht gegen Null. Aber, es *kann* passieren.

Klettern am Vulkanberg

Was die meisten Glücksdurchgebrochenen getan haben, ist, dass sie sich Monate, Jahre, Jahrzehnte mit spirituellen Methoden und Gedankengut beschäftigten. Das ist Klettern am Vulkanberg. Mit jedem Buch, jeder Übung, jedem Perspektivenwechsel, mit jedem Vortragsbesuch, mit jedem Moment, in dem sie für Sekunden im Jetzt waren, sind sie ein paar Meter weiter den Berg nach oben in Richtung Kraterrand gekommen. Ihr Bewusstsein hat sich Stück für Stück erweiterte. Das scheint, nach aller Beobachtung, der häufigst eingeschlagene Weg zu sein. Sie waren im Umfeld eines Guru oder eines Glücksdurchgebrochenen, haben Bücher gelesen, meditiert, spirituelle

Übungen durchgeführt, hunderte von Dingen ausprobiert, und eines Tages ist es dann plötzlich passiert: Sie sind von einer Stelle des Berges direkt in die Lava transportiert worden. Der Sprung in den Lavakrater war nicht aktiv – sie sind alle plötzlich «geholt» worden – es ist ihnen plötzlich passiert!

Je weiter oben Sie am Vulkanberg sind, je intensiver Sie schon «dabei sind», je mehr sich Ihr Bewusstsein erweitert hat, umso mehr schwarze Zahlen weist der Roulettekessel auf, umso höher ist die Wahrscheinlichkeit, dass Sie einen Treffer landen.[8]

Aktiv in den Krater springen

Jetzt gibt es auch Ausnahmen in der Geschichte, wo Menschen aktiv, bewusst in den Kraterschlund gesprungen sind. Buddha war so ein Fall. Obwohl auch er jahrelang vom Betteln, Fasten bis zum Nacktlaufen dutzende Wege ohne Erfolg ausprobiert hat. Er setzte sich eines Tages unter einen Baum mit dem Beschluss, nicht eher aufzustehen, bis er den Glücksdurchbruch erreicht hat. Und es ist ihm geschehen. Er war oben am Kraterrand angekommen und hat sich fallen lassen.

Auch der Inder Ramana Maharshi hat seinen Glücksdurchbruch anscheinend aktiv hinbekommen. Er setzte sich mit 16 Jahren hin und dachte darüber nach, wer eigentlich stirbt, wenn «ich» sterbe. Plötzlich ist es ihm geschehen.

Das «aktive Springen» haben nur Menschen geschafft, die vom Verstand, unter Einschluss des Unterbewusstseins bis in die Tiefe ihrer Seele, den Beschluss gefasst haben: Ich lasse los.

Wenn Sie zu diesem mutigen Schritt fähig sind, dann wird die Wahrscheinlichkeit am höchsten, dass der Glücks-

---

8 Auch wenn der Verstand bei diesen Menschen nicht aktiv den Sprung geplant hatte, die Seele war bereit, sonst wäre es ja nicht passiert.

durchbruch funktioniert. Es ist aber bisher in der Geschichte sehr selten passiert.

Aber eins müssen Sie bei allem wissen: Es ist immer möglich, von jedem Punkt aus, egal, wo Sie jetzt sind, unmittelbar in den Glücksdurchbruch zu gehen. Sie brauchen keine Vorbereitung, keine Übung, der Glücksdurchbruch ist bereits jetzt für Sie da – Sie haben bereits festen Grund unter Ihnen, ohne es zu wissen ... auch wenn sich in der Vergangenheit die meisten vorbereitet haben.

Mit dem Verstand den Verstand abschaffen

Weil Sie nun wissen, was den Glücksdurchbruch beinhaltet, können Sie seine Merkmale *simulieren*. Was im Glücksdurchbruch passiv geschieht, vollziehen Sie aktiv durch Vorstellungen nach. Meine Perspektivenwechsel sind eine Möglichkeit dafür. Sie führen ein so weit wie möglich simuliertes Leben im Glücksdurchbruch. Sie benutzen den Verstand, um den Verstand auszuschalten.

Sie können sich dem Glücksdurchbruch über einen vom Verstand erzeugten «Glauben» nähern.

Wenn ich fest daran glaube, dass ich nichts kontrollieren muss, wenn ich fest daran glaube, dass hinter jedem Phänomen Stille und Frieden sind, wenn ich fest daran glaube, dass nichts wichtig ist, wenn ich fest daran glaube, dass niemand und nichts geändert werden muss, wenn ich fest daran glaube, dass alles perfekt ist, wenn ich fest daran glaube, dass mein «ich» eine Fiktion ist ... u.s.w., dann führe ich plötzlich ein dem Glücksdurchbruch angenähertes Leben. Ihr Bewusstsein erweitert sich kontinuierlich.

Das dauert und braucht Training, aber es diffundiert mit der Zeit auf immer tiefere Bewusstseinsebenen.

Nehmen wir als Beispiel einen beliebigen meiner Perspektivenwechsel. «Nichts, was passiert, hat eine Bedeutung.»

Dieser Perspektivenwechsel-Gedanke wird am Anfang vom Verstand erzeugt. Der Perspektivenwechsel ist einige dutzend Mal, vielleicht sogar einige 100 Mal, nur auf der Verstandes-Oberfläche wirksam – Sie tun es, aber Sie «fühlen» es noch nicht. Aber irgendwann wird er über die ständige Wiederholung ein unterbewusstes Programm. Bis er schließlich, eines Tages, auf die Seelenebene diffundiert. Und dann ist es kein Gedanke mehr, sondern *gefühltes Wissen*. Ihr Bewusstsein hat sich massiv geöffnet.

Glücksdurchbruch durch Methode

In spirituellen Kreisen wird oft gesagt, man könne den Glücksdurchbruch *nicht* durch Methode erreichen, man könne ihn auch nicht zu einem Ziel machen. Wer versuche, eine Methode anzuwenden, wer ihn zum Ziel mache, würde garantiert scheitern.

Hinter diesem «Methodenlos-Dogma» steckt wieder der «Entweder – oder»-Glaube. *Entweder* du gehst den «methodenlosen Weg» *oder* du wirst es nicht erreichen. Die Wahrheit ist aber «sowohl als auch». Sie können sowohl *mit* Methode dorthin kommen als auch *ohne* Methode.

Das hat mit dem Aufbau unserer Realität zu tun. Ich komme darauf später noch zu sprechen.
Nehmen wir an, in einem Haus ist Gold versteckt. Jetzt lassen Sie 100 Personen jeweils eine Woche darin wohnen, von denen keiner um das Gold weiß.

Sie stellen eine Kontroll-Gruppe auf und lassen 100 andere Personen jeweils für eine Woche in demselben Haus leben. Denen sagen Sie aber: «In diesem Haus ist Gold versteckt. Sie können es finden.»

Was vermuten Sie, in welcher Gruppe häufiger Gold gefunden wird?

So ist es auch mit dem Glücksdurchbruch:

Es ist eine einfache Wahrscheinlichkeitsrechnung. Von 1000 Menschen, die in diesem Haus leben und systematisch suchen, werden vielleicht 340 Gold finden. Von 1000 Menschen, die vom Gold gar nichts wissen und deswegen auch nicht suchen, finden vielleicht nur drei zufällig das Gold.

Sie *leben* in einem Haus, in dem Gold versteckt ist: Das Gold ist der Glücksdurchbruch – gehen Sie auf die Suche!

Der Steinmetz

Wissen Sie, wie ein Steinmetz arbeitet?

Wenn ein Steinmetz einen Steinquader auseinanderhauen will, so zieht er mit dem Bleistift einen geraden Strich an der Stelle, an der der Stein brechen soll. Er nimmt Hammer und Meißel und haut einmal entlang der Stelle, er haut ein zweites und ein drittes Mal auf die Stelle – nichts bewegt sich. Er haut 10 mal- er haut 20 mal … es ist keine sichtbare Veränderung am Stein erkennbar. Er haut 50 mal – er haut 100 mal – nichts bewegt sich. Erst ungefähr beim 200sten bis 300sten Schlag auf die immer selbe Stelle – *bricht* der Stein plötzlich genau an der Stelle auseinander, auf die der Steinmetz vorher scheinbar sinnlos 300 Mal geschlagen hat. Jeder einzelne der vorhergehenden Schläge war notwendig – auch wenn es keine sichtbare Veränderung gab.

Genauso ist es mit dem Glücksdurchbruch. Sie machen sehr viel, aber Sie sehen keine sichtbaren Fortschritte – trotzdem ist jeder Schlag wichtig, um irgendwann den Durchbruch zu erleben.

Jeder Augenblick, den Sie sich für kurze Zeit in den Moment katapultieren, jeder Perspektivenwechsel, jedes Beobachten des Gedanken-Wesens ist ein imaginärer Schlag auf den Stein. Es ist nicht die Länge entscheidend, wie lange Sie im Moment sind – eine Sekunde reicht. Es ist nur die *Anzahl* der Momente entscheidend. Je häufiger Sie das tun, umso bewusster werden Sie. Ich weiß nicht, wie viele «Schläge» Ihr Stein zum Schluss braucht, 5.000, 50.0000 oder 500.000, aber es ist eine endliche Anzahl. Machen Sie eine imaginäre Strichliste fürs «Bewusst sein» fürs «im Moment Landen» ... irgendwann bricht der Stein, und Sie haben den Glücksdurchbruch.

(Obwohl es dann niemanden mehr gibt, der ihn «haben» kann.)

Es gibt drei Realitäten, die Menschen erfahren können.

Die erste Realität ist die Realität, in der fast alle Menschen leben. Wahr ist nur, was sich mit unseren fünf Sinnen wahrnehmen lässt. Ich sehe, höre oder taste etwas, also ist es da – alles andere gibt es nicht. Das ist die Welt der Technik, die Welt der Naturwissenschaft und der Schulmedizin. Das ist die Welt der Materie. Über materielle Änderungen verändern wir die materielle, physische Welt. In dieser Realität gibt es nur messbare Tatsachen, und alles, was wir nicht beweisen können, gibt es auch nicht.

Dann gibt es aber noch die zweite Realität. Das ist die Welt der paranormalen Phänomene. Da zapft ein Heiler Energien aus dem Universum an, um einen unheilbar an Krebs Erkrankten zu heilen. Da ändern Wasserchristalle rätselhaft ihr Aussehen, wenn sie mit unterschiedlicher Musik bespielt werden. Da reisen Menschen 5000 Jahre in die Vergangenheit und kommen wieder zurück. Da wird mit Geistwesen, Engeln und Verstorbenen kommuniziert, die uns Details über uns erzählen, die niemand außer uns wissen kann. Da werden durch Gebete Gerichtsurteile zu Gunsten einer Partei beeinflusst. Da wird durch das Gesetz der Anziehung ein gelähmter Arbeitsloser innerhalb zweier Jahre zum Millionär. Da erscheint der Geist von höheren Meistern und gibt tiefe Belehrungen. Da kann ein Mensch plötzlich völlig ohne Essen leben. Da wird telepathisch mit Tieren und Menschen kommuniziert. Da erwacht einer nach einer Woche wieder von den Toten.

Das alles ist wahr, so wie der Tisch vor Ihnen wahr ist. Die meisten Menschen, die sich für spirituell halten, sind hypnotisiert von dieser zweiten Realität, und ihr Denken endet in dieser Welt.

Sie denken, in dieser Realität seien die letzten Geheimnisse des Universums verborgen. Wenn wir dort die Zusammenhänge erkennen und solche Fähigkeiten selbst beherrschen, dann erschlösse sich uns der tiefere Sinn des Lebens, dann seien wir angekommen und glücklich.

Leider Nein. Die erste Realität genauso wie die zweite Realität sind Fiktionen. Es sind von unserem Geist erschaffene Phänomene, die in Wirklichkeit nur in unserem Bewusstsein existieren – ohne tiefere Realität. Ohne unser Denken würde es das alles nicht geben. Weder Ihr Auto vor der Türe, das, vom Navigationssystem kontrolliert, alleine in eine Parklücke einparken kann, noch die Heilkraft eines Wunderheilers, der einen Beinbruch innerhalb einer Stunde so zusammenschiebt, dass auf dem Röntgenbild keine Fraktur mehr nachweisbar ist, gibt es wirklich.

Die Welt nach dem Tod, das Jenseits, gehört genauso dazu. Alle Wesen und alle Vorgänge im Jenseits sind Teil der zweiten Realität. Falls wir hier in der ersten Realität den Glücksdurchbruch nicht erreichen, landen wir nach unserem Tod wieder in einer Illusions-Maschinerie. Unser Glaube erschafft auch die jenseitige Welt – die Illusion einer unabhängigen Persönlichkeit, die Illusion von Trennung existiert noch immer.

Die einzige Realität, die wirklich ist, ist die dritte Realität:

Die dritte Realität ist die Totalität. Es *gibt* nur die Totalität. Die ist materielos, ohne Natur, ohne Pflanzen, ohne Tiere, ohne Menschen, ohne Universum, ohne Gedanken, ohne Gefühle, ohne Geistwesen, ohne Jenseits. Sie ist völlig leer. Alles, was es dort gibt, ist universelle Liebe. Sie als Individuum gibt es nicht, hat es nie gegeben und wird es auch niemals geben, genauso, wie es alle anderen Individuen nicht gibt. Und selbst die Geistwesen im Jenseits sind von uns, über unsere kollektiven Gedanken, erschaffene Fiktionen. Diese Wesen mögen zwar für Ihre fünf Sinne (oder Ihren sechsten Sinn) erfahrbar sein und sogar die erste und zweite Realität ändern, aber Ihre sechs Sinne, auf die Sie sich da verlassen, erzeugen nur eine nicht existierende Welt. In der tiefsten Realität gibt es keinen Buddha, keinen Jesus, keine Verstorbenen, keine Engel, keine Elfen – selbst wenn Sie sie erfahren oder sogar physisch wahrnehmen können. Genauso wie der Baum, der vor Ihrem Haus steht, auch nicht wirklich ist, ist auch diese Geistwelt und das Jenseits nicht wirklich. Das Jenseits ist ein Spuk. Meine verstorbene Schwester lebt, wie alle Verstorbenen, weiter in einer fiktiven Scheinwelt ... Die Seifenoper geht kontinuierlich weiter. Die Frage ist: Wollen Sie das?

Das, was von den meisten Menschen als Beleidigung empfunden wird, ist die tiefste Wahrheit: Du bist niemand, du bist nichts. Da ist auch nichts und niemand um dich herum. Die Vorstellung, dass es da eine Persönlichkeit gibt, jemand, der als Individuum handelt, ist eine Illusion. Nur aus der Perspektive dieser dritten Realität wird das erkannt.

Nur aus der Perspektive dieser dritten Realität ist das tiefste Glück erfahrbar. Zu dieser Realität gibt es nur einen Zugang: Den Glücksdurchbruch!

Was ich hier mit diesem Buch mit Ihnen vorhabe, ist, dass Sie einen Blick in die *dritte Realität* werfen können. Nur deswegen sind Sie auf dieser Erde.

Im Jetzt zu sein heißt, in der dritten Realität zu sein.

Woher kommen Gedanken

Sie fahren auf der Autobahn. Sie lassen während des Fahrens im Tagtraum noch einmal den letzen Abend Revue passieren, an dem Sie Gäste bei Ihnen zu Hause eingeladen hatten.

Versuchen Sie einmal zurückzuverfolgen, wer den Initialschuss für diesen Gedanken gegeben hat. Wenn Sie genau hinschauen, werden Sie erkennen: Den Initialschuss gab es nicht. Es *ist* passiert. Plötzlich waren Ihre Gedanken bei diesem Thema – einfach so. Aber wer oder was hat Ihnen diesen Gedanken in Ihre Gedankenpipeline eingefädelt? Wer hat entscheiden, dass Sie DARAN denken und nicht an etwas anderes?

Woher kommen die Gedanken?
Wer oder was schickt Ihnen Ihre Gedanken ins Hirn?

Ein LKW setzt vor Ihnen zum Überholen an. Sie denken: «Mist, ich habs eilig, furchtbar, jetzt muss ich bremsen, das stresst mich!» Wer hat Ihnen diesen Gedanken geschickt? Sie hätten in dem Moment auch etwas anderes denken können: «Heute Abend gibt es wieder die leckeren Spaghetti». Wer oder was hat entschieden, dass DAS der Gedanke ist, den Sie denken wollen? Wer oder was schickt Ihnen Ihre Gedanken ins Hirn?

Das ist eine interessante Frage, denn wenn Sie genau beobachten, sehen Sie, dass «*Sie*» es nicht sind. Es kommt einfach. Aber irgendeiner, irgendetwas erschafft diese Gedanken und schickt sie in Ihr Bewusstsein. Wer entscheidet, welche Gedanken Sie denken, aus welcher Quelle kommen sie?

Es ist Samstag und Sie überlegen, ob Sie heute in die Stadt fahren sollen oder nicht. Sie wägen das Für und Wider ab. Dann plötzlich der Gedanke «Das Wetter ist so schön heute, und ich treffe sicher Herbert im Café. Ich gehe!»

Die Entscheidung ist gefällt. Wer hat Ihnen diesen Gedanken geschickt und ... wer hat entschieden?

Auch eine *Entscheidung* ist nur ein Gedanke. Von woher kommt er? SIE haben es nicht entschieden. Dieser Gedanke kam einfach. Sie selber haben gar nichts gemacht. ES hat entschieden. Sie haben nur das Gefühl, das Sie das waren – der Gedanke, der aus dem Nirgendwo kam, hat es getan!

Der Roboter auf dem Boot

So könnte künstliche Intelligenz in 50 Jahren aussehen:

Stellen Sie sich einen Roboter auf einen Motor-Boot in einem Ozean vor. Der Roboter lenkt das Boot einmal nach links, einmal geradeaus und einmal nach rechts. Sie sitzen am Ufer mit einer Fernbedienung und geben diesem Roboter jedes Mal den Befehl, wohin er lenken soll. Der Roboter hat Kameraaugen, mit denen er sieht, er hat Mikrofone als Ohren, mit denen er hört, und er hat einen Mikroprozessor in seinem Hirn, der sowohl alle aufgenommenen Ton- und Bild-Signale, als auch Ihre Befehle verarbeitet und weitergibt.

Jetzt sage ich Ihnen den Trick, wie der Roboter anfängt zu glauben, dass er es selber ist, der das Boot lenkt.

Sie senden dem Roboter einen von *Ihnen* gesprochenen Text durch seinen Mikroprozessor im Hirn. Dieser Text ist *nur* für ihn selber hörbar, niemand in der Umgebung nimmt diesen Text wahr. Der Roboter ist so programmiert, dass er Ihren gesprochenen Text als Gedanken wahrnimmt. Der Gedanken-Text beinhaltet folgendes: Kurz bevor Sie ihm per Fernbedienung den Befehl geben, beispielsweise nach rechts zu fahren, geben Sie ihm den von Ihnen gesprochenen Gedanken: «Nach rechts fahren.»

Das reicht aber noch nicht, dass der Roboter sich einbildet, er würde selber fahren. Jetzt kommt der wirklich geniale Schachzug, der Trick der Tricks:

Innerhalb dieser gesendeten Texte verstecken Sie das Wort «Ich».

Einige Zehntelsekunden bevor Sie dem Roboter mit der Fernbedienung den Befehl schicken «rechts lenken», senden Sie ihm einen Gedanken, in dem das Wort «ich» vorkommt, genauso wie die Handlung, die er gleich ausführen wird. Der gesendete Gedanke klingt dann in etwa so: «*Ich* lenke jetzt nach *rechts*.» Und Millisekunden danach geben Sie ihm per Fernbedienung die Aktion «rechts lenken» durch.

Nach einiger Zeit glaubt der Roboter, dass es ihn mit einer unabhängigen Identität und einem freien Willen gibt. Der Roboter glaubt, dass er selbständig handelt.

Dieser Roboter sind Sie.

Die universelle Intelligenz schickt Ihnen jeden Gedanken, jede Entscheidung, jede Handlung. Sie glauben, dass es Sie als unabhängige Persönlichkeit gibt. Aber es stimmt nicht. Dadurch, dass diese universelle Intelligenz Ihnen den Gedanken «Ich» mitschickt, glauben Sie, dass es Sie als handelnde Person gäbe. Aber wir alle sind nichts anderes als Roboter, die Handlungen einfach ausführen, aber nicht verantwortlich sind für das, was sie tun. Über den von der universellen Intelligenz mitgeschickten Gedanken «Ich» empfinden wir nur, dass wir einen freien Willen haben. Die tiefere Wahrheit ist jedoch: Wir haben nie selbst etwas gedacht, wir haben nie selbst etwas entschieden, wir haben nie selbst eine Handlung vollbracht. Alles kommt von der universellen Energie. Sie waren immer schuldlos. Sie können alles akzeptieren. Sie können alles verzeihen. Sie können jegliche Kontrolle aufgeben. Sie haben sie ohnehin niemals gehabt.[9]

Wenn Sie sagen «ich bin zielstrebig», dann sind nicht *Sie* zielstrebig sondern durch Sie wirkt eine Kraft, die Sie als zielstrebig *erleben* will.
Ihre Gedanken gehören nicht Ihnen, Ihre Gedanken werden geschickt. In diesen geschickten Gedanken kommt ein «Ich» vor. Dieses empfundene «Ich», das denkt und entscheidet, gibt es gar nicht. Dieses empfundene Ich ist ein

---

9   Weil dem Roboter da draussen auf dem unendlichen Ozean aber langweilig wird, schicken Sie ein zweites Boot mit einem zweiten Roboter dazu, dem Sie genauso Gedanken und Aktionen schicken. Jetzt lassen Sie diese zwei von Ihnen dirigierten Wesen, die beide glauben, dass sie eine Persönlichkeit haben und frei entscheiden, begegnen. Und sie schicken dem Einen «Neid-Gedanken» weil der andere ein grösseres Boot hat.... und Sie haben den Beginn unserer ganze Menschheitsgeschichte erschaffen. Eva hat vom Baum der Erkenntnis gegessen.

Glaube geworden, der sich so im Unterbewusstsein festgesetzt hat, dass er sogar Gefühlsreaktionen hervorruft. Es fühlt Freude, Stolz, Ärger, Sorgen.

Das Universum wollte, dass Sie dieses «Ich» erleben, sonst wäre es nicht da. Solange, bis es seinen Dienst getan hat und wieder gehen kann.

Spirituelle Übung: wer bewegt die Hand?

Ich möchte, dass Sie einen Selbstversuch machen.

Halten Sie Ihren Unterarm gerade nach vorne – die Hand ist gerade ausgestreckt. Geben Sie Ihrer Hand in irgendeinem beliebigen Moment den Befehl, sich nach rechts *oder* nach links zu bewegen. Warten Sie etwas, bevor Sie sich selbst den Befehl geben. Egal, wann Sie die Hand bewegen (rechts oder links), Ihre Aufgabe ist nur, dabei zu beobachten, *woher* dieser Gedanke der Entscheidung kam ... Tun Sie es jetzt bitte tatsächlich.

...

Wenn Sie genau aufgepasst haben, stellen Sie fest: ... irgendwas hat Ihnen diesen Gedanken plötzlich geschickt. Er kam einfach. Sie haben nichts getan. Wenn Sie genau hinschauen, war da ein «Ich» im Gedanken. «Ich bewege die Hand nach rechts».

(Falls sie nur «rechts» gesagt haben, dann war das ein Kaskadengedanke. Denn vorher haben Sie den Befehl «ich bewege die Hand nach rechts» auf unterbewussten Schichten abgelegt. So, dass nur der Befehl «rechts» oder «jetzt» ausreicht, um die ganze Gedankenkette auszulösen und die Bewegung auszuführen.)

Das Handeln an die dritte Realität abgeben

Jeder Perspektivenwechsel-Gedanke ist ein Angebot ans Universum, Ihnen den nächsten Gedanken zu *schicken*. Das heißt, Sie denken ab dann nicht mehr aktiv, sondern Sie erkennen an, dass durch Sie gedacht *wird*. Sie sind für einige Sekunden in der dritten Realität.

In dem Moment, wo Sie Ihre Entscheidungen, Ihre Kreativität, Ihr Handeln an das Absolute (an die dritte Realität) abgeben, dann haben Sie es für ein paar Sekunden *tatsächlich* an sie abgegeben. Die dritte Realität hat für ein paar Sekunden übernommen. Sie hatten keinen freien Willen mehr. Sie hatten die dritte Realität zugelassen. Wenn Sie wieder im Tagtraum sind, in der Vorstellung, dass Sie Ihr Leben kontrollieren können, im Tagtraum, wo es echte Probleme gibt, dann sind Sie wieder *Herr* Ihrer Entscheidungen. Sie haben den freien Willen.

Es gilt «sowohl ... als auch ...» – Beides ist richtig.

Die Brücke in der zweidimensionalen Welt

W ir leben in einer dreidimensionalen Welt. Wissenschaftler forschen darüber, wie eine *vierdimensionale* Welt aussehen könnte. Dazu haben sie als Gedankenexperiment eine *zwei*dimensionale Welt erschaffen.

Stellen Sie sich vor, Sie wären ein zweidimensionales Wesen, das nur auf einer unendlich flachen, papierähnlichen Fläche lebt und nichts anderes wahrnehmen kann, als das, was sich in Ihrem Flach-Universum auf dieser zweidimensionalen Fläche befindet. Ein Flach-Wesen kann sich in seiner Welt nur vor, zurück, nach rechts, nach links bewegen. Eine Bewegung nach oben oder unten ist absolut unmöglich. Denn diese Dimension ist für das Wesen weder wahrnehmbar, noch existiert sie in seinem Bewusstsein. Bei einer Erhöhung von nur einem Millimeter hört für das zweidimensionale Wesen die Welt auf.

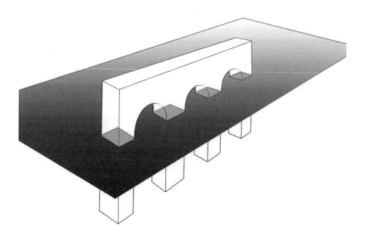

Grafik I

Eine Brücke ist eine Realität, die existiert – aber für Sie als zweidimensionales Wesen wäre diese Brücke nur als vier nicht zusammenhängende Vierecke wahrnehmbar (siehe Grafik I).

Stellen Sie sich nun vor, ein langer Zylinder ginge senkrecht durch Ihre Papierflächen-Flachwelt (siehe Grafik II).

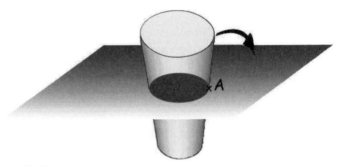

Grafik II

Sie als zweidimensionales Wesen können aber nur den Kreis als Schnittfläche wahrnehmen. Wenn man den Zylinder jetzt an der rechten Seite bei Punkt A fixiert und ihn wie an einem Scharnier nach *rechts* neigt, (Siehe Grafik III) dann wird für Sie als zweidimensionales Wesen der Kreis nach *links* wandern und sich zu einem Oval verformen.

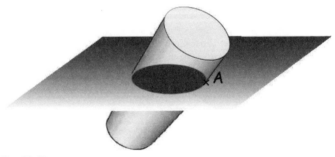

Grafik III

Für Sie als zweidimensionale Wesen hat sich das Objekt in Ihrer Wahrnehmung nach links bewegt und in seiner Form verändert. Das ist die Wahrheit, die in Ihrer Welt gilt. Aber gleichzeitig hat sich in der dritten Dimension das Objekt nach *rechts* bewegt, und es ist in seiner Form unverändert geblieben. Das ist ebenfalls die Wahrheit, die gilt auch.

Beides ist richtig: Es gilt nicht «entweder ... oder», sondern «sowohl ... als auch». Das Objekt ist *sowohl* nach rechts gewandert *als auch* nach links– es hat sich *sowohl* in seiner Form verändert *als auch* nicht. Es ist nur eine Sache der Perspektive.

Genauso ist es mit Ihren Entscheidungen und Ihrem freien Willen. Ja, Sie können in der ersten und zweiten Realität entscheiden. Sie können entscheiden, ob Sie Ihren Job wechseln oder doch lieber weiter in der Firma bleiben. Diese Entscheidungsmöglichkeit haben Sie, solange Sie nur die Welt des materiellen Universums (und die immaterielle Welt des Jenseits) erleben – die erste und zweite Realität – sie ist wahr. Aber es ist auch wahr, dass Sie nie etwas entschieden haben, wenn Sie die Perspektive der dritten Realität, des Absoluten, einnehmen. Die Entscheidung in der Firma zu bleiben haben nicht Sie gefällt, sondern sie ist vom «Allem-was-ist» durch Sie entschieden worden. Wenn man die Perspektive wechselt und von der dritten Realität aus schaut, von der Realität des Absoluten, dann ist *jede* Entscheidung vom Universum gefällt worden. Sie sind und waren immer schuldlos. Kein Gedanke, kein Gefühl, kein Erfolg, keine Niederlage gehört Ihnen.

Die einzig wahre Realität ist die dritte Realität, unsere Sechs-Sinne-Realität ist eine Fiktion. In dieser Fiktion können wir scheinbar entscheiden. (Im Jenseits, als Geistwesen, können wir ebenfalls entscheiden, aber auch diese Realität ist eine Fiktion.)

Jetzt geht es darum, möglichst häufig den Perspektiven-wechsel zur dritten Realität zu machen. Das heißt, anzunehmen, dass nichts in dieser Welt irgendeine Bedeutung hat, dass Sie nichts planen und kontrollieren müssen, dass nichts von Ihnen entschieden wird.

Jetzt verstehen Sie auch, was Jesus meinte, als er gesagt hat: «Ich bin in dieser Welt, aber ich bin nicht *von* dieser Welt». Jesus, wie alle Glücksdurchgebrochenen, sieht die Brücke und nicht nur unzusammenhängende Vierecke. Allerdings erleben sich alle Glücksdurchgebrochenen niemals *ständig* in der dritten Realität. Sie fallen, auch nach dem Glücksdurchbruch, immer wieder in die erste Realität zurück. Ich nehme an, bis zu einem Drittel der Zeit sogar. Dann kommen Ärgeranfälle, die Zukunft muss geplant werden, Sorgen treten auf, Ängste erscheinen, Eitelkeit meldet sich ... kurzum, das Ich ist zurück.

So war es bei Jesus, so wird es auch bei Ihnen sein, wenn Sie im Glücksdurchbruch leben. [10]

Sie sind sterblich *und* Sie sind unsterblich. Es gilt «sowohl ... als auch». Solange Sie nur die irdische erste Realität annehmen, sind Sie sterblich. In der dritten sind Sie unsterblich. Die Wiedergeburt, genauso wie den Baum vor Ihrem Haus, gibt es. Aber der Baum, genauso wie die Wiedergeburt, sind Erscheinungen der ersten und der zweiten Realität. In der dritten Realität werden Sie erkennen, dass es weder das eine noch das andere wirklich gegeben hat. Das ist das, was die Buddhisten meinen, wenn sie davon sprechen, dass nach dem Glücksdurchbruch die Seele nicht mehr wiedergeboren werden muss. Aber in Wahrheit verschiebt sich nur die Perspektive.

---

10 Jesus, Mario Mantese und Sai Baba haben Zugang zur zweiten Realität. Das sieht für uns aus, wie Wunder. Aber diese Fähigkeit ist dem Glücks-durchbruch nicht mehr zu- oder abträglich, als wenn Sie Fernseher reparieren können. Es imponiert uns einfach mehr.

Auch die Wiedergeburten sind nur solange «real», wie Sie *nicht* im Glücksdurchbruch leben. Danach erkennen Sie, dass es das alles nie gegeben hat. Sie sehen plötzlich die dritte Dimension, Sie sehen die Brücke, statt nur Vierecke. Im Glücksdurchbruch leben Sie (mehrheitlich) in der dritten Realität. Sie sind einer der wenigen, der die 3-D Brille aufhat. Einer, der sieht, dass nichts wichtig ist, einer, der sieht, dass wir alle eins sind, einer, der sieht, dass er als Individuum gar nicht existiert.

Der Sinn des Lebens erklärt mit der Brücke

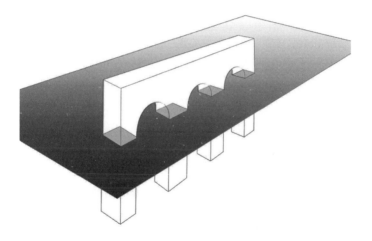

Mit dem Modell der Brücke in der zweidimensionalen Welt können Sie den Sinn des Lebens noch einmal wunderbar erfassen.

Es ist so, dass dieses allmächtige, dreidimensionale Wesen einmal erleben wollte, wie es ist, als zweidimensionales Wesen zu leben. Es erschuf die fiktionale zweidimensionale

Flach-Welt, um sich als unvollständiges, unzusammenhängendes, scheinbar isoliertes Viereck erleben zu können. Denn die Brücke wusste: Nur wenn man eine Zeitlang die Fiktion des Getrennt-Seins erfährt, ist das Wissen um die Einheit, das Wissen um die Vollständigkeit wieder erleb-, erfühl-, erfahrbar.

Wir sind hier, weil die dreidimensionale Brücke sich als Viereck erleben will – sie fragt, wie es sich anfühlt, im Flachuniversum zu leben. Wir, die fiktionalen Vierecke, als scheinbar unabhängige Wesen, wissen lange nicht, wer wir wirklich sind und wie die Welt wirklich aufgebaut ist. Wir *erfahren* uns wieder als Brücke, sobald wir die Illusion erkennen, sobald wir den Glücksdurchbruch erleben. Wir sind aber in Wahrheit nie etwas anderes gewesen.

Religion ist der Versuch der Flachwesen zu beweisen, dass es ein ganz spezielles Viereck gibt, das der einzige wahre Teil der Brücke ist. Denn dieses eine Viereck hat behauptet: «Ich und die Brücke sind eins.»[11] Gruppen von Vierecken tun sich zusammen und nennen dieses spezielle Viereck «den größten aller Propheten» oder «Gottes einzigen Sohn». Aber sie erkennen nicht, dass sie nicht mehr oder weniger Teil der Brücke sind als jenes eine Viereck, das sie nun als Gott anbeten.

Es gibt auf unseren Planeten derzeit ca 5.000 Vierecke, die erleben, dass sie in Wahrheit die Brücke sind. Weil durch sie die Brücke spricht, sagen sie solche Dinge wie: «Ich bin der Weg, die Wahrheit und das Leben» (auch heute).

---

11 Bibel, Johannes 10,30

Kann ich etwas für den Glücksdurchbruch tun oder passiert er von selbst?

Kann ich etwas für den Glücksdurchbruch tun oder passiert er von selbst?

Sowohl als auch. In der ersten und zweiten Realität *tun* Sie etwas, in der dritten tun Sie nichts. Sie leben aber im Moment in der ersten Realität (wenn Sie spirituell sind, vielleicht auch ein Stück weit in der zweiten). In der ersten und zweiten Realität können Sie nicht nur, nein, Sie *müssen* etwas tun. Das tun Sie solange, bis Sie den Perspektivenwechsel in die dritte Realität geschafft haben und von dort aus erkennen, dass Sie nie je selbst etwas getan haben.

Kümmern Sie sich in Zukunft viel mehr um den Perspektivenwechsel in die dritte Realität, und lassen Sie die spirituellen Übungen mit der zweiten Realität (alternative Heilmethoden, paranormale Phänomene, Metaphysik, Jenseits) fallen. Denn auch diese halten Sie in der Illusion. Der Glücksdurchbruch kann nur in der ersten Realität passieren.

Perspektivenwechsel: Das Gefühl Stress

Neben «Ärger» ist Stress eines der am häufigsten erlebten Gefühle. Stress ist der Gedanke «Ich sollte eigentlich noch jenes und jenes tun …» Sie haben eine Vorstellung, was noch zu tun ist, und Sie *beurteilen* es intern. Sie geben den erfundenen Aufgaben Etiketten von «wichtig», «weniger wichtig» und «unwichtig». Nichts von alledem ist wahr. Es gibt kein «wichtig», und es kein «weniger wichtig». Alles ist unwichtig. Denn es geht um nichts in diesem Leben.

Stress haben Sie deswegen, weil Sie selbst kreierte, fiktionale Aufgaben und *Ziele* erschaffen haben. Sie denken,

Sie müssten dies oder jenes zu Ihrem Glück in Ihrem Leben noch tun. Das sind alles Erfindungen. Sie müssen NICHTS tun. Kein Ziel führt Sie dahin, wohin Ihr wahres Ich möchte. Es gibt keine Aufgabe, die Sie in irgendeiner Form weiter bringt. Sie sind bereits da, Sie brauchen nichts zu tun.

Das, was Sie denken, dass Sie dringend erledigen müssen, müssen Sie gar nicht erledigen. Es ist für den Ausgang Ihres Lebens völlig unwichtig (und für den Ausgang des Lebens aller anderen Beteiligten übrigens genauso).

Sie sitzen am Schreibtisch. Um 14 Uhr wollen Sie mit dem Auto losfahren, es ist bereits 12 Uhr. Sie haben sich so viele Dinge an diesem Vormittag vorgenommen. Sie sagen sich: «Das darf doch nicht wahr sein: Schon 12 Uhr! Ich hab nur noch 2 Stunden Zeit bis zur Abfahrt. Ich hab nur ein Viertel von dem erledigt, was ich erledigen wollte. Ich hab noch sooo viel zu tun ...!»
Das sind alles Einbildungen, alles Illusionen. Jedes einzelne Vorhaben, das da als «wichtig» in Ihrem Kopf herumhämmert, ist für den Ausgang Ihres Lebens völlig egal. Sie müssen *nichts* erledigen, es ist egal, es ist gleichgültig, es beeinflusst den Weg Ihrer Seele (die reine Liebe und eins mit allem ist) nicht um einen Millimeter.

Hinter dem Gefühl Stress steckt nur eine Sache: Ziele – «Ziele haben» ist die Vorstellung, dass irgendetwas in der Zukunft wichtiger ist, Ihnen mehr Vergnügen bringt, als dieser Moment. «Ziele haben» bedeutet, dass Sie etwas anderes brauchen für Ihr Glück, als das, was Sie im Moment haben. Das ist immer eine Fehleinschätzung.

Sobald Ihr Verstand den Gedanken formt «Ich muss das noch erledigen», ist das ein Signal des Universums, dass diese bevorstehende Tätigkeit für den Ausgang Ihres Lebens völlig unwichtig ist. Sie brauchen die scheinbare Aufgabe *gar* nicht zu erledigen. Nichts würde passieren. Eine darüber hinausgehende Bedeutung hat der Gedanke nicht. Machen Sie die Aufgabe trotzdem, falls Sie noch Lust haben, aber «wichtig» ist es nicht.

Die Welt ist ein Traum

Es gibt zwei Fiktionen, die Sie erleben: Das eine sind die Träume, die Sie *nachts* erleben, das zweite ist der Traum, den Sie *tagsüber* erleben. Beide gibt es nicht, sie sind nur Einbildungen Ihres Geistes.

Lassen Sie mich Ihnen von einem Nacht-Traum erzählen, an den ich mich noch erinnern kann.

Im Traum hielt ich ein Rhetorik-Seminar. Ich kam zum Thema Wirkungslosigkeit von Powerpoint und Beamer, da meldete sich ein Teilnehmer und sagte: «Können wir nicht mal eine Folienpräsentation von *mir* anschauen?» Ich dachte: «Nein, das passt jetzt nicht, das nimmt so viel Zeit weg, ich will mit meiner Präsentation fortfahren.» Aber er insistierte und machte nach einer endlos langen Aufbauphase für seinen komplizierten, kanonenähnlichen Projektor seine Vorführung. Er redete und redete, und es dauerte und dauerte. Die ersten Teilnehmer verabschiedeten sich. Verärgert schaute ich dem Spiel zu. Als er schließlich fertig war, hatte ich nur noch 15 Minuten bis Seminarende, und ich hätte noch so viel Spannendes zu erzählen gehabt, das ich jetzt alles begraben musste. Er hatte die Leute zum Gehen gebracht, und alles erprobt Spannende aus meinem Repertoire war zugunsten einer oberlangweiligen Vorführung geopfert worden. Ich war verärgert. Ich fragte ihn: «Sollte das jetzt ein gutes Beispiel oder ein abschreckendes Beispiel sein?» Er wurde unsicher und sagte: «Ich weiß es nicht.» Mein Ärger steigerte sich noch, denn die Hälfte meiner Teilnehmer war inzwischen gegangen.

Dann wachte ich plötzlich auf, und nach ein paar Konfusionssekunden wurde mir klar: «Ach, das war ja nur ein Traum, du brauchst dich gar nicht zu ärgern. Das Seminar, den Mann und den Vorfall gab es ja gar nicht. Das war alles nicht real. Es ist nichts passiert!»

Dieser Satz «... Das war alles nicht real. Es ist nichts passiert!» hallte in meinem Kopf nach. Und dann dachte ich aber über meinen Wachzustand nach. Gilt hier vielleicht dasselbe? Mir wurde klar:

Egal, über was wir uns ärgern, irgendwann wachen wir auf und erkennen im Rückblick: «Ach, das war ja nur ein Traum, du brauchtest dich gar nicht zu ärgern. Alle Ereignisse, alle Menschen, alle Vorfälle gab es ja gar nicht. Das war alles nicht real. Es ist nichts passiert!» Das ist die tiefste Wahrheit über unser ganzes Leben!

Wenn wir aufwachen in den Glücksdurchbruch, werden wir erkennen: Es ist nichts passiert. Es ist auch jetzt, während Sie das lesen, schon nichts passiert, nur Sie erkennen es noch nicht.

Das Träumen während des Schlafs ist ein uns vom Leben gegebenes, ewiges, permanentes Gleichnis, um uns zu zeigen, was die tiefere Wirklichkeit ist. Im Traum gibt es «Gefahren», und wir können manchmal im Traum sagen: «Ach, ich glaube, das ist ja nur ein Traum», und die Situation ist plötzlich gefahrlos.

So ist es auch in unserem Leben. Jede Gefahr, jede Sorge, jedes Ärgern, jede Angst wird sich irgendwann nach dem Erwachen in den Glücksdurchbruch als grundlos herausstellen. Das Szenario war nicht real, nur geträumt. Jedes Schamgefühl, jedes Gefühl von Stolz, jeder Neid, jedes objektbezogene Glück ... alles, sogar der Tod, war nicht real, so wie das ganze Leben nicht real war. Sie konnten niemals verletzt werden, weder körperlich noch seelisch.

Irgendwann wird uns das allen eröffnet.

Sie können das aber schon jetzt als Grundlage Ihres Handelns nehmen. Alles ist sowieso nicht real, es ist völlig unwichtig.

Unsere Realität hält sich durch
Rückkopplung stabil

Eine interessante Frage:

Wenn wir unsere Realität durch unseren Glauben er-
schaffen, warum ändert sich unsere Welt nicht jeden Tag?
Es gibt doch Verrückte und Kinder, die fest an utopische
Realitäten glauben, warum werden die nicht erschaffen!?

Hier ist die Antwort: Der Glaube des *Kollektivs* entscheidet über das, was sich als Materie manifestiert.

Wir erleben kollektiv ständig die sich selbst erfüllende
Prophezeiung. Es gibt eine Rückkopplung: Der Glaube erschafft Realität und Realität bestärkt den Glauben – dieser
verfestigte Glaube erschafft wieder Realität, und Realität
bestärkt den Glauben ... u.s.w. Das ist ein sich selbst erhal-
tender Kreislauf, der die Kontinuität der Materie aufrecht
erhält. Deswegen bleiben Häuser, Wälder und Menschen
von einem auf den anderen Tag immer noch gleich.

Es ist möglich, dass sich das von einem auf den anderen
Tag ändert, wenn das Kollektiv in den Glücksdurchbruch
erwacht. Dann können sich die Dinge genauso schnell und
phantastisch ändern wie in unseren Schlafträumen.

Stellen Sie sich vor, in Ihren Nachtträumen würde Kontinuität herrschen. Alle äußeren Bedingungen, die Sie in
der letzten Nacht beim Träumen vorgefunden haben, sind
haargenau gleich in der darauffolgenden Nacht und in der
nächsten und in der übernächsten ... immer!

Sie schlafen ein und im Traum sind Sie zunächst im immer selben Zimmer, es sieht haargenau so aus wie in der
letzten Nacht und in den tausend Nächten davor. Sie gehen
aus dem Zimmer, und im Flur begegnen Sie Ihren Eltern, die
haargenau gleich aussehen wie in der Vornacht. Das Haus,
der Garten, die Nachbarhäuser sind immer gleich, Ihre Be-
sitztümer bleiben gleich, das Land, in dem Sie leben, bleibt
gleich. Sie haben dasselbe Auto, und im Schrank finden Sie

die immer selben Kleider, die Sie im Traum davor hingelegt haben. Sie gehen zur selben Arbeit mit den selben Menschen, die Sie dort Traum für Traum immer wieder antreffen. Die Kunden in dieser Firma sind auch immer wieder dieselben ... u.s.w.

Jede Nacht bleiben die Rahmenparameter Ihres Traums gleich – Fortsetzung in der nächsten Nacht.

Das hätte für Sie den Effekt, dass der Nacht-Traum für Sie kein Traum mehr wäre, Sie würden jeden Abend sorgenvoll in den Schlaf fallen und dort Ihre zweite Realität erleben. Durch die Kontinuität würden Sie den Nachttraum nicht mehr als Traum empfinden, Sie würden Dinge «ernst» nehmen. Sie würden im Nachttraum Sicherheit suchen, z.B. durch eine Berufsausbildung, durch Anschnallen des Sicherheitsgurtes, durch Abschließen einer Versicherung. Sie würden versuchen, dass dort etwas von Ihnen bleibt und würden, als eine Möglichkeit, wie alle anderen um Sie herum Kinder in die «Welt» setzen. Sie würden all diese unsinnigen, sorgenvollen Dinge tun, die Sie nicht tun würden, wenn Sie wüssten, dass das nur ein Traum ist ....

Und genauso ist es mit der Realität, in der Sie derzeit leben. Es ist nur ein Traum, aber die erlebte Kontinuität gaukelt Ihnen vor, dass es «real» ist.

Wenn wir diese stabile «Nacht-Realität» hätten, würden Sie Gespräche führen, in denen Sie Dinge sagen wie: «Meine Nachtrealität macht mir im Moment mehr Sorgen als die Tagrealität. Drüben habe ich eine Klage am Hals, von einem, der mich betrügen will. Er hat mir ein wertloses Grundstück verkauft, und jetzt hat er die Frechheit, mich sogar auf Schadensersatz zu verklagen. Die Welt ist so schlecht, sage ich Ihnen. Aber andererseits habe ich drüben eine Firma aufgebaut, das macht mich stolz. *Werte schaffen*, wissen Sie! Die Firma will ich jetzt meinem Sohn übergeben. Er soll sie weiterführen, damit etwas bleibt von mir, wenn ich dann drüben nicht mehr bin.»

Genauso lächerlich, wie Ihnen das für den Nacht-Traum vorkommt, ist es für ihren Tagtraum, der auch nichts anderes als ein Traum ist, mit dem einzigen Unterschied, dass Ihnen hier die Kontinuität beim morgendlichen Erwachen vortäuscht, dass alles real ist.

Perspektivenwechsel: Der Tagtraum und der Nachttraum

Wenn Sie im Nachttraum «erwachen» würden, dann wären Sie sich im Traum immer klar darüber, dass Sie hier in einem Traum leben. Sie erleben immer noch weiter die Dinge, die passieren, aber diese haben keine Bedrohung, keine Verheißung, keine Bedeutung mehr. Sie durchschauen, dass das alles nicht existiert. Der Nacht-Traum ist ständig ein Traum, nur ist es Ihnen im Moment des Erlebens nicht klar.

Genauso ist es mit dem Wachzustand, der im Grunde nur ein Wachtraum ist.

Das eine ist die Nachtschicht, das andere ist die Tagesschicht. Hier mein Tipp: Statt nach dem Aufwachen Guten Morgen zu sagen, sagen Sie in Zukunft «Willkommen zur Tagschicht. Wie war deine Nachtschicht?»

Das ändert die Perspektive auf Ihren Tag, der nichts anderes als ein Tag-Traum ist.

Machen Sie sich möglichst häufig in der «Tagschicht» klar, dass diese ein Traum ist. Schauen Sie sich um und stellen Sie sich wirklich vor, dass dies gerade ein Traum ist. Sie werden für einen Moment im Jetzt landen.

Besonders hilfreich ist dieser Perspektivenwechsel, wenn scheinbar «große Probleme» auf Sie zukommen. Es ist nur ein Tagtraum – schauen Sie einfach nur genau hin!

Es gibt keine Vergangenheit

Es gibt nur diese jetzige Millisekunde. Alles, was vergangen ist, gibt es gar nicht. Die Welt startet jede Millisekunde von Null. Wenn Sie mit Ihrer Fußballmannschaft 20 Minuten vor Spielende 3:0 zurückliegen, dann ist alles, was es gibt, nur diese Millisekunde. Sie können die vergangene Zeit immer ausblenden, sie ist nicht real. Der Rückstand 3:0 ist die Vergangenheit – es sind nur Gedanken in Ihrem Kopf. Die Welt *jetzt* kennt nur zweimal elf Spieler, die jetzt im Moment gegeneinander spielen. Die Welt, genau wie Sie selbst, startet immer jede Millisekunde von neuem – alles kann neu erschaffen werden. Die Vergangenheit ist eine Einbildung.

Diese Einsicht gibt Ihnen unheimliche Befreiung. Befreiung von der Vergangenheit, auch wenn Sie erst 30 Sekunden vorbei ist – sie ist vorbei. Die Welt wird in jeder Millisekunde neu erschaffen. Sie, lieber Leser, starten jede Millisekunde ein neues Leben. Das Vergangene existiert in Wahrheit gar nicht. Alle Ihre Niederlagen, Ihre schamvollen Erlebnisse, jeder Missbrauch, den Sie erlitten haben, jeder Missbrauch, den Sie *selbst* begangen haben, all Ihre Freuden, Ihre Räusche … gibt es nicht … sie sind in der Vergangenheit, und die Vergangenheit ist ein Konzept – sie ist nicht real. Es gibt nur das Jetzt!

Schauen Sie sich jetzt einmal an dem Ort um, an dem Sie gerade sind, und sehen Sie: Es gibt nur DAS – das was Sie gerade umgibt. Die Vergangenheit ist nur ein Gedanke. Es gibt nur diesen Moment – JETZT. Und alles, was Ihre Sinne im Moment nicht erfassen können, ist auch nicht real. Es ist nur eine Vorstellung. Es sind lediglich *Gedanken*, dass Ihre Eltern, dass die Stadt Köln oder irgendetwas anderes existiert. Es ist angehäuftes Wissen, es ist Vergangenheit – es ist ein Konzept in Ihrem Kopf – Sie erleben es im Moment nicht. Die Welt ist nur das, was Sie im Moment mit

Ihren Sinnen erfahren, das, was Sie um Sie herum erleben. Der Rest ist Einbildung – ein Gedanke – ein Konzept.

Wenn Sie sich bei einer Rede vor Publikum blamiert haben und danach die Menschen im Foyer Sie mitleidvoll anschauen, dann sehen Sie, dass Ihre Rede Vergangenheit ist. Sie ist nicht real. Es gibt nur diesen Moment. Die Welt startet in jeder Millisekunde neu. Die Welt entsteht neu – SIE entstehen neu. Sie brauchen sich nie mehr zu schämen, nie mehr zu ärgern ... denn alles, worüber Sie negative Gedanken haben, ist .... Vergangenheit. Vielleicht nur eine Sekunde vor dem Augenblick, aber es ist trotzdem Vergangenheit.

Das gilt auch für jeden physischen Ort, an dem Sie sich gerade befinden. Das ist der einzige Ort, den es gibt, das ist das Jetzt! Schauen Sie sich um, auch wenn Sie in einem Aufzug fahren oder Sie sitzen auf einer Toilette ... das ist die einzige wahre Welt, die es gibt. Alles, was Sie mit Ihren Sinnen nicht wahrnehmen – *ist* nicht. Es ist nur eine Vorstellung – ein Gedanke. Nur das, was Sie wahrnehmen, *ist*. Machen Sie einen Test. Schauen Sie mit all Ihren Sinnen auf Ihren Tisch. Wenn Ihre Gedanken still sind, dann gibt es *nur* diesen Tisch und dieses Geräusch der Autos und dieses Gefühl des Tastsinns, das Sie gerade erleben. Wenn Sie denken: «Hinter dieser Wand gibt es aber noch das Nachbarhaus – das ist doch immer noch da ...», dann ist das nicht das Nachbarhaus, sondern nur ein GEDANKE an das Nachbarhaus. Selbst wenn Sie am Oktoberfest auf der Toilette sitzen, gibt es nur diese Toilette mit ihren begrenzenden Wänden – der Rest herum ist nur Einbildung – und entsteht in dem Moment *neu*, wenn Sie wieder aus der Toilette treten und Ihre Sinne es wahrnehmen.

Schauen Sie sich jetzt einmal um, dort, wo Sie sich gerade befinden, und erkennen Sie: «Es gibt keine Vergangenheit. Es *ist* nur das Hier, es gibt nur das Jetzt! Alles andere gibt es nicht. Die Welt findet nur jetzt und hier statt. Ich bin im Zentrum der Welt!!!» Es gibt nichts anderes. Ich *bin* die Welt. Das ist ein sehr befreiendes Gefühl.

Im Glücksdurchbruch kennen Sie *nur* noch dieses Gefühl.

Die Quanten-Vergangenheit

Lassen Sie mich Sie in ein weiteres Gedankenexperiment führen: Nehmen wir einmal an, die Quantenphysik hätte Recht und alles wäre nur eine Quanten-Energiesuppe ohne Form, Ziel und Richtung. Materie ist keine Realität, Materie ist nur eine Erfahrung. Nehmen wir weiter an, alle Materie entstehe nur, wenn ein denkender Geist seine Sinne darauf richtet. Sie drehen sich zum Fenster, und in dem Moment wird die Landschaft vor Ihren Augen erzeugt, auf die Sie dann schauen. Wenn Sie nicht mehr schauen oder keine Filmkamera oder ein sonstiges von Menschen geschaffenes Messgerät sich dorthin richtet, ist einfach nichts dort – völlig nichts. Wenn die Welt so aufgebaut wäre, dann könnten Sie nicht beweisen, dass es jemals eine Vergangenheit gegeben hat, außer in Ihren Gedanken. All die materiellen Beweise wie Fotos und archäologische Ausgrabungen entstehen, genau wie die Landschaft, nur, wenn wir unsere Sinne darauf richten. Das Digitalfoto, das Sie vor einer Woche im Zoo zeigt, entsteht genau dann, wenn Sie Ihre Sinne auf Ihre Digitalkamera richten. Das Foto wird erzeugt durch Ihren Glauben, dass es so ein Foto geben muss. Ihre eigene Erinnerung an den Zoobesuch wird in dem Moment von der universellen Energie in Ihr Hirn geschickt, wenn Sie Ihren Gedankenfokus darauf richten. Den Zoobesuch hat es aber nie gegeben. Das Leben spiegelt Ihnen das nur vor. Alles wird in der Millisekunde erzeugt, in der Sie Ihre Aufmerksamkeit darauf richten. Die Erinnerungen genauso wie die *Gegenstände* der Erinnerung. Mit dieser Tatsache gibt es keine physische Vergangenheit mehr, außer in unserer Vorstellung. Und hier die Botschaft:

Unsere Welt ist *genau so* aufgebaut.

Weder kann je irgendjemand beweisen, dass es die letzte Minute tatsächlich gegeben hat, noch *hat* es sie je gegeben. Sie selber, genauso wie die Welt um Sie herum, wird jede Millisekunde neu erschaffen. Unser kollektiver Glaube an die Kontinuität hält die Welt in ihren immer wiederkehrenden physischen Bahnen aufrecht. Das erzeugt in uns die Illusion von Vergangenheit und die Illusion von Zeit.

Es gibt nur DAS! Das, was gerade ist – sonst nichts. Der Rest ist eine Gedankenprojektion. Seien Sie sich dieser Tatsache bewusst, dann können Sie gar nicht anders, als im Moment zu leben. Die Vergangenheit hat es ja sowieso nicht gegeben. Sie ist ein auf Ihre Festplatte ständig neu geschickter Kinofilm, der in dem Moment dorthin projiziert wird, wenn Sie Ihre Aufmerksamkeit darauf richten.

Die Vergangenheit existiert nur, weil «*irgendetwas*» aufzeichnet. Dass die Aufzeichnung in unserem Hirn passiert, ist eine Fiktion. Unser Gedankenspeicher wird uns in jeder Millisekunde von extern neu vollgeladen.

Ihre Mutter hat es nie gegeben. Sie ist eine Vorstelllung. Wenn Sie den Hörer in die Hand nehmen und sie anrufen, entstehen alle *Erinnerungen* an Ihre Mutter und die Mutter selbst in der Sekunde, wenn Sie das tun. Denn Sie und die ganze Gesellschaft glauben daran, dass es Ihre Mutter gibt. Wir erschaffen die Welt über unseren kollektiven Vergangenheits-Glauben in jeder Millisekunde neu. Es *gibt* nur den jetzigen Moment. Alles andere ist eine Erfindung unseres Geistes.

Mit diesem Wissen bleibt Ihnen gar nichts anderes übrig, als permanent im Jetzt zu leben.

Sie sind ein völlig freies, ständig neu entstehendes Wesen ohne jegliche Ketten.

Die Glücksdurchgebrochenen
mit ihren Ego-Rückfällen

Ich habe im Vorfeld zu diesem Buch viele Menschen auf Vorträgen, Zusammenkünften und Seminaren besucht, die bereits im Glücksdurchbruch sind.

Ich möchte zwei Dinge hierzu sagen: Zum Einen: Sie würden keinen optischen Unterschied zu einem «normalen» Menschen wahrnehmen. Wenn ein Glücksdurchgebrochener neben Ihnen an der Bushaltestelle stehen würde, würden Sie nichts merken. Die sehen genauso aus wie jedermann – kein Leuchten, kein Heiligenschein, keine überwältigende Ausstrahlung. Die Phänomene, die ich Ihnen beschreibe, laufen alle innen ab und nicht im Außen. Die meisten Glücksdurchgebrochenen sagen sogar, dass sie selbst nicht von der rein optischen Wahrnehmung her sagen könnten, ob jemand anderes ebenfalls im Glücksdurchbruch ist oder nicht.

Zum Anderen: Ich möchte hier mit einer Vorstellung aufräumen, die viele Menschen von glücksdurchgebrochenen Meistern haben (jeden Glücksdurchgebrochenen können Sie als «Meister» bezeichnen):

Sie werden *alles* erleben, von dem Sie dachten, dass man davon nach dem Glücksdurchbruch befreit sein sollte. Diese Menschen sind keinesfalls «perfekt» (abgesehen davon, dass es so etwas wie perfekt gar nicht gibt).

Hier meine Beobachtung:

Alle Glücksdurchgebrochenen haben Ego-Rückfälle. Ihr Ich, obwohl verschwunden, setzt sich für kurze Zeit wieder zusammen. Einige, so sagt mein Bauchgefühl, handeln sogar bis zu 1/3 noch aus dem Ego. Aber Achtung: Die sind trotzdem im Glücksdurchbruch, denn ich, Matthias Pöhm, lebe zu 99% im Ego und nur zu 1% im Kontakt zu dem, was ist. Wohingegen die Durchgebrochenen den Grundzustand umgedreht haben.[12]

Ein weiterer Unterschied zu uns «Normalos» ist, dass diese Ego-Rückfälle mit personenbezogenen Gefühlen ohne Nachhall schnell wieder verschwinden. Es passiert keine Aufsummierung, keine Speicherung, keine Anhaftung an das Erlebte, und kein Groll oder Heimzahl-Bedürfnis bleibt übrig.

Doch auch die Glücksdurchgebrochenen erleben die Mehrzahl aller Ich-bezogenen Gefühlszustände, genauso wie auch Sie sie noch haben: Ärger, Angst, Trauer, Eitelkeit, Wut, Frustration, Zweifel, Eifersucht, Rechthaberei ... Am häufigsten habe ich die Gefühlsgruppe von «Ärger, Zorn und Wut» beobachten können. Seien Sie sich dessen bewusst, dass das auch bei *Ihnen* so sein wird, wenn Sie dereinst im Glücksdurchbruch leben werden.[13]

Wenn Jesus im «heiligen Zorn» die Geldwechsler aus dem Tempel schmeißt, dann ist das nur ein Hinweis darauf, dass auch Jesus Ego-Rückfälle hatte.

Wer sich ärgert oder zornig ist, der braucht ein Ziel oder einen Plan, er braucht eine Zukunft. Er braucht etwas, was in Zukunft «besser» sein sollte, und damit akzeptiert er nicht das, was ist. Die spirituelle Wahrheit ist: Niemand braucht Ziele, niemand braucht einen Plan, nichts muss verändert werden, um der zu sein, der man schon ist.

Um sich zu ärgern oder zornig zu werden, brauchen Sie eine Vorstellung von «Richtig» und «Falsch». Jesus dachte, er müsse an dem, was ist, etwas ändern, damit ihm oder

---

12 Damit ist die Frage auch beantwortet, ob der Autor, bereits um Glücksdurchbruch lebt. Die Antwort ist Nein.

13 Das geht so weit, dass ich einer Glücksdurchgebrochenen begegnet bin, die von sich selber sagt, dass Geiz bei ihr als Phänomen immer noch auftritt.

der Welt etwas Besseres widerfährt. So etwas kann nur ein wieder aufflammendes Ego tun.

Zorn ist ein Versuch, die Kontrolle über etwas im Außen zu gewinnen. Sie müssen niemals etwas kontrollieren im Leben. Das Leben kümmert sich selbst um das Leben.

Würde sich ein Zweijähriges über die Geldwechsler aufgeregt haben? Wenn nein, dann muss sich niemand in der Welt darüber aufregen. Auch Jesus hatte Ego-Rückfälle.

Auch wenn bei den Glücksdurchgebrochenen die Ego-Gefühle beobachtbar immer wieder auftauchen, bin ich trotzdem erstaunt, wie viele der Glücksdurchgebrochenen sich ihrer eigenen Gedanken-Gefühls-Verkettung nicht bewusst sind. Denn viele, wenn man sie darauf anspricht, sagen dann, dass das durch sie geschickte Gefühlsausbrüche *ohne* Ich-Beteiligung wären. Das ist aber nicht möglich.

Es *kann* kein Ich-bezogenes Gefühl entstehen *ohne* ein wiedererstandenes Ich. Jedem Gefühl wie Stolz, Ärger, Wut, Eitelkeit ... liegt ein wiederertstandenes Ego zugrunde. Wer das verleugnet, kann seine Gedanken nicht richtig beobachten. Er wird immer, ohne Ausnahme, erkennen, dass da ein GEDANKE als Ursache war, der ein Ego, ein «Ich» zu füttern hatte, bevor daraus das Gefühl entstehen konnte. Diesem Gedanken liegt eine Vermeidung von Minderwertigkeit oder das Erreichen von Höherwertigkeit zu Grunde. Jedes Gefühl ist ein von der wiedererstandenen Ich-Blase *gemachtes* Gefühl. Das gilt für den Normalbürger genauso wie für die Glücksdurchgebrochenen. Sie können gar kein negatives (oder schein-positives) Gefühl haben ohne Beteiligung des Ego-Gedanken-Wesens.

Lassen Sie mich das Beispiel einer Glücksdurchgebrochenen erzählen, die in einer Zusammenkunft in Hamburg ein Beispiel eines «Ego-freien» Ärger-Gefühls geben wollte. Hier ihre Geschichte:

Sie kam in ein Zimmer, in dem der Sohn ihres Partners

trotz Verbots am Computer spielte. Sie wies ihn darauf hin, er gab zur Antwort: «Du hast mir hier nichts zu sagen, das geht nur Papa etwas an». Sie wurde wütend und gab ihm mit diesem Grundgefühl eine Antwort mit Lautstärke und Gereiztheit. Sie sagte im Seminar, dieser Ärger sei ein «durch sie entstandener, universeller Ärger ohne Ego-Beteiligung». Auch Durchgebrochene täuschen sich. Der Gedanke, der bei ihr ausgelöst wurde, lässt sich intuitiv rekonstruieren: «Du Bengel, was glaubst du eigentlich, wer du bist? Du hast mir hier Respekt entgegen zu bringen. Ich werde nicht zulassen, dass ich mir minderwertig vorkomme, du bekommst eine Lektion ...»

Spüren Sie, wie hier ein «Jemand» sich nicht beachtet gefühlt hat, wie ein «Jemand» sich wieder Respekt verschaffen wollte? Da ist ein Ich bedroht.

Beobachten Sie es bei sich: Immer kommt zunächst der Gedanke, dann erst das negative Gefühl. Man kann sich nicht ärgern, ohne dass es da ein «Ich» gibt, das sich bedroht fühlt, man kann sich nicht schämen, ohne dass es da ein «Ich» gibt, das sich bedroht fühlt, man kann nicht eifersüchtig sein, ohne dass es da ein «Ich» gibt, das sich bedroht fühlt.

Es gibt kein Objekt-Gefühl ohne ein «Ich», ohne ein Ego.

Alle Ihre negativen wie schein-positiven Gefühle sind Objekt-Gefühle.

Jetzt sagen viele Glücksdurchgebrochene, dass sie an dem nichts ändern können (oder wollen), denn es sei das «Alles-das-Ist», das ihnen den Ärger gibt, dass ihnen den Geiz gibt, dass ihnen die Scham gibt ... u.s.w. «Ärger steigt einfach auf», so klingt es dann in deren Formulierungen. Ego unbeteiligt – machtlos.

Aber dahinter liegt ein Überlegungs-Fehler.

Wenn Ärger kommt, ist es nicht das «All», das den Ärger steuert, sondern das wiedererstandene «Ego» mit seinen Kompensationsgedanken, und dann kann auch dieses Ego, wenn es schon mal da ist, wieder entscheiden, dass es an dem Ärger etwas ändern will. Denn Ich-bezogene Gefühle sind ein Rückfall in die erste Realität mit Zielen und Kontroll-Bedürfnis. Und jetzt kann man die Gesetzmäßigkeiten der ersten Realität wieder ausnutzen – denn dort haben Sie wieder einen *freien Willen*. Daher: Man kann auch als Glücksdurchgebrochener die Übungen in diesem Buch anwenden.

Für Glücks-Durchgebrochene wie auch für Normale gilt:
Wenn das Ego wieder da ist, ist das nicht schlimm. Sie erkennen das untrüglich an einem erlebten Negativ- oder an einem Schein-Positiv-Gefühl. Es ist einfach das, was ist. Aber wenn das Ego schon mal da ist, dann kann man es auch dazu benützen, etwas gegen das Ego-Erscheinen zu tun.

Stellen Sie sich vor, Sie sind ein Raum. Und dieser Raum droht, durch eine runde Öffnung in der Mitte der Wand mit Abwasser überschwemmt zu werden. Das Abwasser sind Ihre negativen oder schein-positiven Gefühle. Wenn Sie nichts tun, bordet das Wasser irgendwann über die Mauern, und es fließt nach außen. Jetzt können Sie aber die Wasserfluten benutzen, um die Wasserfluten selbst zu stoppen.

Am unteren Ende der runden Öffnung in der Wand, durch die das Wasser in den Raum fließt, haben Sie die Möglichkeit, an einem Scharnier einen Verschluss-Deckel anzubringen, unter dem sich ein Luftkissen befindet. Wenn das Abwasser weiter steigt, dann verschließt das steigende Wasser mit dem sich hebenden Deckel plötzlich selbst die Wasserzufuhr. Das einfließende Abwasser selbst wird benutzt, um das Abwasser zu stoppen.

Genauso ist auch mit Ihren Ego-Anfällen. Wenn das Ego schon mal da ist (und Ich-bezogene Gefühle aufkommen wollen), dann kann man das Ego selber benutzen, um das Ego wieder zum Stopp zu bringen.

Dieser Raum, diese Wände, dieses Wasser existieren in Wahrheit gar nicht. Die Schein-Realität entsteht nur, wenn Wasser ins System kommen will. Man kann die Scheinrealität benutzen, um die Scheinrealität wieder zum Verschwinden zu bringen.

Es gibt keinen Glücksdurchgebrochenen, der alle Einsichten hat

Ich habe eine weitere Botschaft für Sie, die Ihre Vorstellung über den Glücksdurchbruch erschüttern könnte.

Es gibt keinen Glücksdurchgebrochenen, der *alle* Einsichten hat. Es gibt keinen Glücksdurchgebrochenen, der sich nicht in mindestens einer Sache irrt. Das schließt Krishnamurti, Buddha und Jesus mit ein. Es gibt auf der anderen Seite keinen Menschen auf dieser Erde, der nicht in mindestens einer Sache eine tiefe Wahrheit ausspricht. Das schließt Jack the Ripper, Osama Bin Laden und Adolf Hitler mit ein.

Was für Menschen gilt, gilt auch für Bücher. Es gibt kein Buch, das sich nicht in mindestens einer Sache irrt. Das schließt alle sogenannten heiligen Bücher und natürlich auch *mein* Buch mit ein.

Das Universum hat es so eingerichtet, dass niemals alles Wissen durch eine einzige Quelle kommen kann. Das ist deswegen so gemacht, damit Sie zum Schluss die letzte Wahrheit nirgendwo anders finden können als in sich selbst.

Deshalb gehen Sie zu *unterschiedlichen* Meistern. Lesen Sie unterschiedliche Bücher. Und schauen Sie, welche Inhalte bei Ihnen Resonanz auslösen. Es bleibt Ihnen bei jedem noch so groß erscheinenden Meister nicht erspart, selber auf sich zu hören.

Jeder noch so stark verehrte Meister lehrt mindestens ein Missverständnis oder er lebt einen Widerspruch zu seiner Lehre – schauen Sie nur genau hin. Aber er bleibt trotzdem ein Meister, auch wenn Sie diesen Widerspruch entdeckt haben. (Wenn Sie zu Studienzwecken das Wiederauftauchen seines Egos miterleben wollen, sprechen Sie ihn darauf an. ☺)

In IHNEN steckt die Wahrheit und nirgendwo sonst. Jeder Glücksdurchgebrochene erzählt auch angelesenes Wissen, spirituelle Dogmen, übernommene Glaubenssätze und persönliche Vorlieben, statt selbst erfahrene universelle Wahrheiten. Sie hören Dinge, die Sie persönlich nicht dorthin führen, wohin Sie gehen müssen. Dinge, die nicht der letzten Wahrheit entsprechen ... Ich habe einiges davon gehört. Es ist ein Lebensgesetz: Niemand und nichts, was in der Materie ist, hat *alle* Wahrheiten. Ich, mit diesem Buch, bin natürlich dabei eingeschlossen.

Es wird Ihnen, durch egal welchen Glücksdurchgebrochenen, das Hören auf Ihre Seele nicht erspart. Das ist absichtlich so gemacht, denn es sind Sie selbst, der sich selbst erkennen muss.

Perspektivenwechsel: Jeden Menschen treffen Sie, weil er Ihnen etwas mitzuteilen hat

Schauen Sie jeden Menschen, jede Begegnung an mit dem Wissen, dass dieser Mensch Ihnen nur deswegen begegnet, weil er Ihnen (unabsichtlich) etwas mitzuteilen hat, was Sie in Ihrer jetzigen Lebenssituation genau brauchen. Das ändert völlig Ihre Wahrnehmung aller Begegnungen. Sie hören ganz anders zu, Sie nehmen Menschen ganz anders wahr.

Jeder Mensch hat Ihnen etwas mitzuteilen, jeder Mensch sagt unbewusst Dinge, die genau für Sie und Ihre jetzige Lebenssituation gemacht sind, wo Sie etwas erfahren, was

Sie gerade brauchen. Machen Sie einmal diesen Perspektivenwechsel bei jeder, selbst noch so kurzen Begegnung. Beispielsweise mit dem Busfahrer, wenn Sie ihn anschauen und denken: «Du hast mir irgendetwas mitzuteilen, was in diesem Moment meines Lebens wichtig ist.» Wenn Sie das regelmäßig machen, werden Sie aus dem Staunen nicht mehr herauskommen.

Drei Monate, nachdem meine verstorbene Schwester mir ihre Botschaft mitteilte, gab ich ein Seminar für Softwareprogrammierer. Ich machte mir zu dem Zeitpunkt sehr viele Gedanken um den Tod. Ich konnte den Tod nicht einordnen. Am Mittagstisch saßen einige Seminarteilnehmer neben mir, und sie unterhielten sich. Ich saß schweigend daneben. Plötzlich sagte einer zum anderen in Englisch: «Death is not a bug – death is a feature.» (Der Tod ist kein Programmfehler – der Tod ist ein Leistungsmerkmal.) Ich wollte meinen Ohren nicht trauen. Ich schaute ihn fasziniert an und fragte, wie er das meinte. Aber er zuckte nur mit den Schultern, das wäre ihm einfach nur so eingefallen, er könne dazu nichts weiter sagen ...

Es gibt da draußen Menschen, die Sie vielleicht für Idioten halten, aber die haben Eigenschaften, die Ihnen als Beispiel dienen könnten. Vielleicht akzeptieren sie gewisse Ereignisse, wo Sie einfach nur staunen, dass man so etwas akzeptieren kann. Der eine einen finanziellen Ruin, der andere Beleidigungen, der andere, wenn sein Partner Sex mit einem Fremden hat, der andere seine Krankheit ... Sie begegnen diesen Menschen aus dem einzigen Grund, weil sie unbewusst Ihre Lehrer sein können – Sie müssen es nur erkennen wollen. Schauen Sie genau hin: JEDER Mensch ist Ihr Lehrer.

Jeder Mensch, dem Sie begegnen, ist von irgendetwas befreit, was Sie noch als Problem mit sich herumtragen. Deswegen nur begegnen Sie Menschen.

Sinn des Lebens –
Der Mensch in der weißen Kugel

Stellen Sie sich vor, ein Mensch hängt schwebend in einer weißen Kugel mit einem Innen-Durchmesser von ca. 3 m. Er ist schwebend aufgehängt und sieht nichts anderes, als den ganzen Tag eine weiße Welt um ihn herum. Ohne die geringste Unebenheit, ohne den geringsten Schatten oder Flecken. Rechts, links, oben, unten, überall im gleichmäßigen Abstand nur Weiß. Dieser Mensch wird nur mit intravenöser Nahrung versorgt. Den ganzen Tag sieht er nichts anderes, als eine weiße Welt, ohne jegliche Abwechslung. Er kann nichts essen, er kann nichts berühren, er hört keinen Klang, er kann nichts schmecken, kann nichts riechen, und seine Augen sehen überall nur gleichmäßig weiß. Man vermutet, dass ein Mensch in so einer Umgebung ohne jegliche Sinneseindrücke und Abwechslung nach spätestens drei Monaten sterben würde.

Man könnte es verhindern, indem man diesem Menschen ein interaktives 3D-Videospiel auf die Innenfläche der weißen Kugel projizieren würde. Einen Film, in dem *er selbst* per Joystick fiktiv einbezogen wäre. In Ermangelung einer anderen Realität würde dieser Mensch nach einiger Zeit diesen Film für real halten.

Dieser Mensch sind wir auf dieser Erde.

Wir alle bekommen einen fiktiven Film vorgespielt, genannt «unser Leben». Er ist völlig ohne Bedeutung, er dient nur dazu, dass wir uns selbst erleben können. Deswegen wird uns dieser ganze Film mit Aufs und Abs, mit diesen ganzen fiktiven Problemen und Schwierigkeiten vorgespielt. Alle Ziele sind ohne Bedeutung, sie sind reine Fiktion. Der ganze Lebenssinn besteht nur darin, zu erkennen, dass wir in einem Film gelandet sind. Das Erkennen ist der Glückdurchbruch.

Perspektivenwechsel: Sie können nichts verpassen

Wenn Sie wissen, warum Sie auf dieser Erde sind, dann können Sie nichts verpassen. Dann können Sie, statt zu diesem wichtigen Termin zu gehen, einfach schlafen. Dann können Sie diese Party, von der Sie glauben, dass Sie dort wahnsinnig tolle Leute kennenlernen werden, ganz auslassen. Es beeinflusst den Ausgang Ihres Lebens nicht im Geringsten. Sie kommen immer rechtzeitig überall hin, genau zu dem Zeitpunkt, wenn es für Ihre Seele ideal ist. Und wenn Sie nicht dort sind, dann wollte es Ihre Seele nicht – sonst *wären* Sie ja dort – Sie haben nichts verpasst. Das Leben ist immer da, wo Sie gerade sind, und nicht da, wo Sie sein möchten.

Wenn die Sonne im März strahlend scheint und sie wollen zum Skifahren, aber es ist schon 2 Uhr nachmittags. Sie stressen, Sie hetzen, weil Sie denken, Sie verpassen etwas. Zwei Stunden weniger Skifahren bei Pulverschnee und Sonnenschein ....Nein, ich will, ich muss ... schnell, schnell.

Nein, Sie müssen gar nichts. Denn Ihr «langes Skifahren im Sonnenschein» macht Sie nicht glücklicher, als Sie jetzt schon sind. Das ist nur eine Einbildung.

Sobald Sie ein «Ziel» haben, sind Sie weg vom Jetzt, sind Sie weg von sich selbst. Und hinter allem, von dem Sie denken «Ich verpasse etwas», steht ein Ziel. Sie erwarten von diesem Ziel «Freude, Spaß, Befriedigung». Ziele führen Sie aber weg von sich. Sie denken, dass Sie sich mit dem Erlebten dann besser fühlen, aber das ist nur eine Einbildung. Wenn Sie Skifahren waren und Sie wachen am nächsten Tag wieder auf, ist Ihr Grundgefühl nicht anders, als wenn Sie aufwachen und Sie waren *nicht* beim Skifahren. Überprüfen Sie das, es stimmt. Sie können nichts verpassen im Leben, alles, was Sie brauchen, ist da, wo Sie sind!

Ich bin Techno-Fan. Da gibt es die Streetparade in Zürich, bei der bei schönstem August-Wetter 500.000 andere junge Techno-Fans nach Zürich kommen, und überall ist Party. Mein Haus liegt 25 Minuten von der City entfernt. Jetzt läuft der Umzug los, aber ich bin immer noch zu Hause. Früher war das ein unerträgliches Gefühl: „Ich will dabei sein – ich verpasse etwas."

Das Leben ist immer da, wo Sie gerade sind, und nicht da, wo Sie sein möchten. Sie etikettieren den Ort als wertvoller als den Ort, wo Sie gerade sind.

Die Streetparade, wenn Sie noch zu Hause sind, findet nur in Ihrem Kopf statt. Real ist nur der Ort, an dem Sie sind, und der Moment, den Sie gerade erleben.

Es gibt keinen wertvolleren Ort, keine wertvollere Zeit als die, wo Sie gerade sind.

Sie können nichts verpassen!

Sobald Sie denken «Ich verpasse etwas», ist das ein Signal des Universums, dass der Zielort, wo Sie gerne wären, nur eine Vorstellung ist, die nicht real ist. Es ist ein Signal des Universums, dass die Zielzeit Ihnen nicht mehr bringt, als das, was Sie bereits jetzt schon haben. Sie können immer da bleiben, wo Sie sind, Sie *können* nichts verpassen. Eine darüber hinausgehende Bedeutung hat dieser Gedanke «ich verpasse etwas» nicht.

Unterschied zwischen Perspektivenwechsel und Glücksdurchbruch

Was ist der Unterschied zwischen dem Perspektivenwechsel und dem Glücksdurchbruch?

Der Perspektivenwechsel ändert die Sichtweise auf das Leben. Er ist eine Imitation der Realitäten, die ein Glücksdurchgebrochener ständig erlebt. Bei häufiger Anwendung des Perspektivenwechsels erweitert sich drastisch Ihr Bewusstsein.

Der Glücksdurchbruch hingegen ist der plötzliche Moment, in dem alle diese Sichtweisen zusammen wirksam und zur Dauereinrichtung werden. Die Illusionen über das Leben brechen restlos zusammen. Es ist der Moment des Entdeckens, dass Sie schon immer mit dem «Alles-das-ist» verbunden waren, ohne es zu bemerken.

Beim Perspektivenwechsel schieben Sie in der Gefängniszelle ab und zu den Vorhang etwas zur Seite und schielen ins Freie. Beim Glücksdurchbruch *stehen* Sie im Freien – für immer! Das Gefängnis hat es nie gegeben, es war Einbildung.

Der freie Wille

Ich verstehe das nicht. Haben wir einen freien Willen oder haben wir keinen freien Willen?

Wenn Sie pro Woche, sagen wir, 10.000 kleine Entscheidungen treffen und davon anerkennen Sie 20 mal, dass nicht *Sie* entscheiden, sondern das Universum, dann hat 20 mal Gott für Sie entschieden und 9.980 mal Sie. Dasselbe gilt für kreative Inspirationen. Wenn Sie Musiker, Schriftsteller, Künstler sind und Sie «geben ab», dann wirkt in dem Moment die höhere Macht durch Sie. Mein Buch zum Beispiel ist nicht durch mich geschrieben worden, sondern durch das Universum. Ich *habe* es abgegeben.

Solange wir *denken*, dass wir wählen können, können wir wählen. In der ersten und zweiten Realität wählen wir. In der dritten Realität wählen wir nicht mehr. ES wählt durch uns.

Das ist schon die Wahrheit jetzt in der ersten Realität, wir erkennen es nur noch nicht. Und es kann uns dienen, diese Vorstellung zu haben. Aber in der letzten, dritten Realität haben wir keine Wahl. Es gibt niemanden, der eine Wahl hat, es gibt nichts zu wählen. Im Glücksdurchbruch erkennen wir es.

Aber solange wir noch nicht im Glücksdurchbruch sind, haben wir subjektiv eine Wahl.

Deswegen entscheiden Sie sich, spirituelle Bücher zu lesen, es wird Ihnen helfen ....

Obwohl Ihnen dann irgendwann klar wird, dass SIE das Lesen des Buches gar nicht entschieden haben, sondern ES.

Sie können immer sofort im Moment landen, ohne Verzögerung

Gerade in emotional sehr belastenden Situationen, wenn einen große Enttäuschungen, Verletzungen oder Eifersucht treffen, fällt es mir manchmal schwer, im Moment zu landen oder alles nur als ein Traum zu sehen. Wie weit muss man sich abreagieren, um den Perspektivenwechsel machen zu können?

Sie müssen sich *gar nicht* abreagieren, Sie müssen keine Sekunde auf irgendetwas warten. Sie haben eine Fähigkeit, die Ihnen immer zur Verfügung steht. Egal, in welcher schwierigen emotionalen Belastung Sie stehen, Sie können aus egal welcher Höhe immer, ohne Ausnahme, sofort auf die Nulllinie kommen und sofort im Moment landen. Egal, wie gestresst, egal, wie verletzt, egal, wie wütend Sie sind,

Sie haben immer den unmittelbaren Zugang zum Perspektivenwechsel, den unmittelbaren Zugang zur dritten Realität.

Das gelingt Ihnen umso mehr, je mehr Sie das zur Priorität machen. Wenn Sie im emotionalen Stress sind und Sie dem Perspektivenwechsel die allerhöchsten Wichtigkeit in dieser Situation einräumen – wesentlich höher, als der geschehenen Sache selber – dann ist die Befreiung sehr wahrscheinlich.

Das ist übrigens auch die ultimative Wahrheit: nur die Perspektivenwechsel haben eine Bedeutung für Ihr Leben, nicht die Ereignisse selber.

Werte als Richtschnur

Wir brauchen auf dieser Weilt einfach wieder Werte, dann würden viele Dinge nicht passieren, die jetzt passieren.

Haben Sie diese Werte, die wir da brauchen?

Ich kann Ihnen einige aufzählen: Achtung vor dem anderen, Nächstenliebe, Hilfsbereitschaft, den Armen helfen, die Eltern achten, Gutes tun, ehrenhaft sein, keinen übervorteilen und diese Dinge.

Und das machen Sie alles?

Ja, ich versuche es zumindest.

Es wird Ihnen niemals vollständig gelingen, und es wird Sie auch niemals zum tiefen Frieden führen. Denn Sie sind ständig im Konflikt mit dem, was sein sollte und dem, was ist. Versuchen Sie einmal, gegen das Rotwerden zu kämpfen, Sie werden immer verlieren. Sie können nur im Fluss mit dem, was ist, Fortschritte machen, niemals im Kampf dagegen. Mit sogenannten «Werten» haben Sie ein Ideal geschaffen, etwas, das Sie im Moment noch nicht sind, aber irgendwann sein wollen. Sie lieben sich nicht so, wie Sie sind. Ohne Selbstliebe kann es aber keine Nächstenliebe geben, das hat auch Jesus schon erkannt. Er sagte «Liebe deinen nächsten wie dich *selbst*».

Ideale sind Konzepte, und die sind nichts anderes als ein paar ständig wiederholte Gedanken, die Sie für eine Wahrheit halten. So etwas wie einen «Wert» gibt es nicht. Das ist eine Erfindung, ohne Bezug zur Realität.

Und es gibt auch keinen einzigen «Wert», über den sich zwei Menschen in dieser Welt einig sind. Das sind zwei zwar ähnlich aussehende Luftschlösser, die aber in irgendeinem Detail immer anders aussehen werden. Und schon haben wir den potentiellen Konfliktpunkt geschaffen für den nächsten Krieg. «Werte» erschaffen keinen Frieden, weder für eine Einzelperson, noch für die Welt. Das können Sie an sich selbst, das können Sie in der Welt beobachten.

Werte sind Gebote und Verbote. Hier steckt auch der Grundirrtum der Religionen. Sie verwechseln Ursache und Wirkung. Es ist nicht so, dass man über Werte zum Glücksdurchbruch gelangen kann, sondern es ist so, dass man, wenn man im Glücksdurchbruch ist, als Folge davon automatisch ohne Nachdenken nach Werten handelt. Aber nicht nach Werten, bei denen die Schriftkundigen anerkennend nicken, sondern nach Werten, die direkt von der Quelle durch einen wirken. Die Religionen verwechseln Ursache und Wirkung. Der innere Friede wird nicht durch äußere Mittel erlangt.

Werte sind für Kinder, aber nichts für einen Menschen, dessen Bewusstsein am Erwachen ist. Weil wir aber auf dieser Welt beobachtbar noch fast alle Kinder sind, müssen wir mit dieser Krücke noch leben. Deswegen haben wir Gesetze, die nichts anderes sind, als die Detailausarbeitung von gesellschaftlichen Werten. Schauen Sie sich um in der Welt. Gesetze verhindern die Anarchie, aber sie bringen uns nicht zum Glücklichsein.

Mit allem, was man Ihnen nehmen kann, werden Sie nicht glücklich

> Ist es nicht so, dass man schöne Dinge auch genießen kann? Schöne Musik, ein schönes Kunstwerk, ein schönes Essen, ein schönes Anwesen. Das ist doch ein Teil der Lebensqualität. Kann einen das nicht zu sich selbst führen?

Genuss ist nicht Glück. Denn Sie haben immer noch Gedanken, wenn Sie genießen. Wenn Sie gedankenlos genießen, wenn Sie quasi verschmelzen mit dem Genussobjekt, dann kann das sehr wohl eine spirituelle Übung sein.

Zum Zweiten: Die Musik, das Essen, das Anwesen kann man Ihnen wieder nehmen, wo ist Ihr Genuss dann? Mit allem, was man Ihnen nehmen kann, werden Sie nicht glücklich. Mit Ihrem Wohlstand, mit Ihrem Ruf in der Gesellschaft, mit Ihrer Bekanntheit, mit Ihrer Gesundheit, mit Ihrem Vermögen, mit Ihren Freunden, mit Ihren Fähigkeiten, mit Ihrem Erfolg, mit Ihrer Ehe, mit Ihren Kindern ... werden Sie nicht glücklich. Sie *können* damit nicht glücklich werden, denn Sie können es verlieren. Nichts von dem bleibt – die Stunden, die Monate, die Jahre fressen es Ihnen weg, spätestens bei Ihrem Tod wird es Ihnen genommen. Glücklich kann Sie nur das machen, was bleibt, auch wenn Sie tot sind. Das ist Ihre Seele, das ist die Stille, die Leere, der Friede, der hinter all dem durchscheint. DAS sind Sie.

Solange Sie *denken*, können Sie nicht glücklich sein. Denn Ihr Gedankenstrom führt Sie weg von Ihrer Seele, weg vom Jetzt, weg von der Stille, weg vom Frieden.

Wenn Sie ein Gutsbesitzer wären, mit einer Familie und Angestellten, wohlhabend und einem hohen Ruf in der Gesellschaft, und sie säßen am Morgen bei Sonnenschein am Frühstückstisch und schauten hinaus auf Ihre Ländereien, dann sähen Sie den wunderschönen Garten, den Ihre Angestellten vor Ihrem Haus pflegen. Das ist kein verschmelzender Genuss. Hier ein Ausschnitt aus Ihrem unendlichen Gedankenstrom: *«... Mein Gott, ist das schön hergerichtet – ich hab›s doch wirklich so schön hier. Das müssten eigentlich viel mehr Leute sehen und erkennen, wie schön ich›s habe. Morgen kommt ja Herr Ziegler, ich weiß, der wird das bewundern und denken, in was für einem schönen Haus ich hier wohne. Der wird sicher neidisch auf mich sein – der wohnt ja nur in einem Einfamilienhaus. Da drüben der Kirschbaum sollte doch geschnitten werden. Das habe ich doch Josef schon zwei mal deutlich gesagt. Immer muss man hinter allem selbst her sein, sonst läuft es einfach nicht ....»*

Sie können in keinem noch so äußerlich schönen Moment glücklich sein, solange Sie *denken*. Sobald Sie denken, sind Sie weg vom jetzigen Moment, weg von Ihrer Seele, weg von der Stille, weg vom Frieden, weg von dem, was Sie wirklich sind. Und wenn sie nicht denken, sondern nur *sind*, sind Sie eins sind mit allem, was Sie umgibt, das ist wirkliches Glück! Dann können Sie auch in einem Loch leben und Sie sind glücklich. Dann brauchen Sie weder schöne Musik noch ein schönes Kunstwerk noch ein schönes Anwesen.

Gedankenlos sind Sie nichts und damit verschmelzen Sie mit dem, was ist.

Sie sind niemand – das ist die Wahrheit, die glücklich macht.

Sorgen und Erwartungen in der Familie

Ich mache mir Sorgen um meine Kinder, das ist normal als Mutter. Man muss doch gewisse Erwartungen in einer Familie haben, sonst kann ich ja alles gleich ganz aufgeben. Da ist doch keine Basis mehr, wenn keine Verlässlichkeit mehr da ist, wenn jeder macht, was er will.

Wir sind auf dieser Erde, um grenzenloses Vertrauen in das Leben zu finden. Familien sind Orte des Festhaltens und der Angst. Jede Erwartung verhindert Glück. Wenn Sie Erwartungen haben, haben Sie kein Vertrauen in das Leben, sondern Sie wollen es in eine Richtung zwingen. Das passiert in fast allen Familien. Jede Sorge verhindert Glück. Es passiert nichts ohne einen Grund. Wenn etwas passieren will, dann passiert es ... mit oder ohne Sorge – Sorge ist das Gegenteil von Vertrauen. Die Gesellschaft hat den Müttern das Recht zuerkannt, sich grenzenlos Sorgen machen zu dürfen. Das führt uns weg von uns. Wir halten «sich Sorgen machen», «Erwartungen haben», «Verpflichtungen schaffen» für Akte der Liebe. Aber in Wahrheit sind es Akte der Angst und wir erschaffen dadurch Leid – für alle Beteiligten.

Eines Tages habe ich in Berlin in einer Abflughalle des Flughafens ein Handytelefonat zwei Sitzreihen weiter mitverfolgt. Eine Mutter rief ihren Sohn an: «Warum hast du mich nicht angerufen? Du hättest doch wenigstens nach der Party kurz eine SMS schicken können!» Von der anderen Seite des Handys kam scheinbar irgendeine Erklärung. Die Mutter im vorwurfsvollen Ton: «Für eine SMS findet sich immer Zeit! Versprich, dass du das nächste Mal anrufst!»

Hier der Königsweg zum Unglücklichsein: Sie verlangen von einem Menschen ein *Versprechen*. Sie begrenzen damit seine Freiheit, auf seine innere Stimme zu hören. Das war es, das diese Mutter von ihrem Sohn verlangt hat. Wahrscheinlich hatte der Sohn es ihr aus schlechtem Gewissen tatsächlich versprochen. Er wird dann vielleicht am nächsten Wochenende seine Mutter mit schlechtem Gewissen, aus Verpflichtung, anrufen. Überlegen Sie einmal: Was empfindet der Sohn bei diesem Telefonat? «Sch... , jetzt muss ich noch diese dumme Nuss anrufen ... «Und diese Gefühle werden verknüpft mit der scheinbaren Ursache. Das ist in diesem Fall der Mensch, der ihm dieses Versprechen abverlangt hat. Weder die Mutter noch er selber haben sich dabei einen Gefallen getan. Familien sind ein Hort von erpressten Versprechen, Erwartungen und Sorgen. Daraus entsteht kein Glück.

Hier eine spirituelle Übung für Sie: Setzen Sie sich jeden Abend vor dem Schlafengehen hin und stellen Sie sich vor, dass Ihre Kinder für immer gehen. Segnen Sie es! Ihre Kinder gehören Ihnen nicht – sie haben Ihnen niemals gehört.

Wenn Sie Widerstand gegen die Situation haben, dann beurteilen Sie die Situation

Ich habe gelesen, dass man keinen Widerstand gegen eine Situation haben soll. Wenn ich im Stau stehe, weiß ich, was damit gemeint ist, aber was bedeutet «Widerstand haben» in anderen alltäglichen Situationen?

Es wird einfacher für Sie, wenn Sie das Wort «Widerstand» gegen das Wort «Kommentar» austauschen. Jedes Mal, wenn Sie etwas in Gedanken mit einem Kommentar versehen, dann akzeptieren Sie die Situation nicht, wie sie ist. Sie leisten innerlich Widerstand. Jedes *Beurteilen* einer Situation ist *Widerstand* gegen die Situation.

Das ist beim erwähnten Fall des Staus einfach einsehbar. Sie denken: «Ich will jetzt nach Hause und nicht hier stehen!» Sie geben zu der objektiven Tatsache, dass Ihr Auto steht, den Kommentar ab, dass Sie der Situation entfliehen wollen.

Aber es bezieht auch alle anderen Fälle mit ein, wo kein Fluchtgedanke da ist.

Sie sehen einen Mann in der Fußgängerzone im Anzug und denken: «Wie kann man nur bei der Hitze in Anzug und Krawatte rum laufen? So einen doofen Job würde ich nicht machen!» Schon haben Sie einen Kommentar abgegeben, Sie etikettieren, sie kommentieren, Sie beurteilen. Im Klartext heißt das: Sie akzeptieren die Situation nicht, wie sie ist.

Wenn Sie sich in Alltagsituationen beobachten, werden Sie bemerken, dass Sie fast immer beurteilen, das bedeutet, dass Sie fast immer im Widerstand zu dem sind, was ist.

Jeder Kommentar ist ein negativer Kommentar

> Ich kann nicht einsehen, dass es schlecht sein soll, wenn ich von einem Menschen eine positive Einschätzung habe. Einen Menschen als sympathisch anzusehen kann doch nicht verkehrt sein!?

Es gibt *nichts*, was «verkehrt» ist. Die Frage ist nur: Hilft Ihnen ein solches Verhalten auf einer tieferen Ebene?

Auch wenn Sie über einen Menschen denken: der ist aber höflich, interessant, sympathisch ... ist das ein Etikett, das Sie ihm anheften. Sie nehmen den Menschen nicht, wie er ist, Sie *kommentieren*. Auch ein positiver Kommentar ist ein Kommentar. Mit *jedem* Kommentar, ob positiv oder negativ, verweigern Sie den Moment, wie er ist. Jeder Kommentar, jedes Urteil zu dem, «was ist», lässt Sie aus dem jetzigen Moment fallen. Es gibt aber nur den jetzigen Moment. Das zweite Problem ist, wenn Sie heute einem Menschen ein positives Etikett anheften, wird gezwungenermaßen irgendwann ein Mensch auftauchen, dem Sie dann ein umso dickeres negatives Etikett anhängen, Sie werden ihn verurteilen. Genauso wie Sie den ersten, positiven, nicht nehmen, wie er ist, werden Sie auch den zweiten, negativen, nicht nehmen, wie er ist.

Man kann nicht nur das eine haben und das andere weglassen.

Sie sollen sich um Himmels Willen deswegen nicht selbst verurteilen. Sie sollen sich wegen nichts verurteilen. Bewusstsein erweitern bedeutet, dass man sich darüber *bewusst* wird.

Ich bin Mutter, ich habe Verantwortung

Sie sagen, niemand hat eine Verantwortung im Leben. Ich habe Verantwortung. Ich bin eine Mutter – mein Kind braucht mich. Dafür habe ich Verantwortung!

Ist das wirklich so? Wie wollen Sie eine Mutter sein, wenn Sie doch selbst noch in Ihrer Entwicklung ein Kind sind? Sie spielen die ROLLE einer Mutter – so etwas wie «Mutter» gibt es nicht. Sie identifizieren sich mit etwas, was es nicht gibt. Ihr Kind braucht Sie nicht. Es würde mit jeder anderen liebenden Bezugsperson genauso gut auskommen wie mit Ihnen. Wenn Sie nur aus vollem Herzen suchen würden, würde diese liebende andere Person auftauchen. Das schmerzt, deswegen wollen es die meisten nicht hören.

Robbie Williams kommt zur «Vernunft»

Robbie Williams (Popstar aus England) hat jahrelang Frauen konsumiert und jetzt ist er zur Vernunft gekommen und hat gemerkt, dass er heiraten will. Ist das nicht ein Beispiel dafür, dass Heiraten doch eine Lösung sein kann?

Weder das Single-Sein noch das Heiraten ist die Lösung, denn beide machen nicht glücklich. Der Glücksdurchbruch macht glücklich. Robbie Williams unterliegt dem Irrtum, dem fast alle Menschen unterliegen. Er hat in einem Extrem versucht, das Glück zu finden, ist gescheitert und ist jetzt der Meinung, das ist der Beweis, dass das andere Extrem das Glück beinhalten muss. *Nichts* im Außen macht glücklich. Weder Frauen konsumieren noch Heiraten noch sonst irgendetwas. Das Problem ist, wir identifizieren uns mit diesen äußeren Glücksbringern und lügen uns über die sichtbaren Ergebnisse an.

Sie werden bei Robbie Williams in der Zukunft wahrscheinlich sogar auf der sichtbaren äußeren Ebene (durch

Zeitungsartikel) erfahren, dass auch das *nicht* sein tiefes Glück war. Auf der inneren Ebene könnenb Sie sicher davon ausgehen.

Heirat

Sind Sie mit Ihrer Gegnerschaft zur Heirat nicht ein bisschen zu extrem?

Ich bin nicht in Gegnerschaft zur Heirat. Ich bin zu *nichts* in Gegnerschaft. Ich beobachte nur, dass sich die Menschen weltweit über die Folgen von Heirat anlügen. Es ist beobachtbar, dass die Menschen aus Angst heiraten. Es ist beobachtbar, dass die Heirat Leid erzeugt – großes Leid. Wir können weder uns noch die Welt verändern, wenn wir uns darüber anlügen, was ist. Heirat leistet nicht das, was wir uns wechselseitig erzählen, dass es leisten würde. Die tiefe Natur des Menschen ist die grenzenlose Liebe zu allem. Das ist das, was wir wirklich sind. Die Heirat verneint diese Natur. Heirat beschränkt uns, um unsere Angst in den Griff zu bekommen. Wie kann das zu einem glücklichen Ende führen?

Das ist kein Urteil, sondern eine Beobachtung.

Gedanken wie Gefühle sind nicht real

Ich habe große Sorgen in meinem Leben gehabt. Ich bin so oft in das Gefühl hinein gegangen, bis es verbrannt war. Ich habe damit gute Erfahrungen gemacht. Ist Gedanken verbrennen besser?

Weder Gedanken noch Gefühle haben eine Realität. Wenn Sie nur das Gefühl verbrennen, anerkennen Sie den Gedanken als etwas Reales. Das ist das Problem.

Aber alles, was Ihnen hilft, ist OK. Probieren Sie einfach auch mal das andere aus, ob es Ihnen mehr hilft.

Wie soll man mit seelischer Verletzung umgehen?

Ich habe einen Adoptivsohn aus Schwarzafrika aufgenommen. Ich habe mein ganzes Leben für ihn geopfert – er meldet sich nicht mehr, ich vermisse ihn so sehr. Jetzt verklagt er mich bei Gericht auf Zahlung von Unterhalt. Wie geht man mit so einer seelischen Verletzung um?

Es gibt keine seelische Verletzung außer der selbstgemachten Verletzung durch Ihre Gedanken. Sie lieben Ihren Adoptivsohn unter *Bedingungen*. Das ist eine Objekt-Liebe, die etwas zurück erwartet. Der Sohn verhält sich nicht so, wie Sie sich das wünschen. *Sie* machen das Leiden, nicht Ihr Sohn. Wehren Sie die Klage ab, wenn Sie sie als ungerecht empfinden. Das ist das Reagieren auf der Sachebene. Aber Ihr Problem sind Ihre Emotionen. Sie haben wie immer drei Möglichkeiten. Erstens: Lieben Sie Ihr Gefühl, Ihre Enttäuschung. Erkennen Sie, wie Sie sich fühlen, gehen Sie ins Zentrum dieses Gefühls und sagen sich «Ja, es ist OK so zu fühlen». Die zweite Möglichkeit: Lieben Sie Ihre Gedanken, die vor dem Gefühl sind. Beobachten Sie aufmerksam, was Sie sich da immer als Endlos-Schleife erzählen, damit Sie so enttäuscht sind. Erkennen Sie es und lieben Sie sich dafür. Und die dritte Möglichkeit und gleichzeitig die größte Freiheitsstufe ist: Lieben Sie das Ereignis. Wie würde ein Zweijähriges dazu stehen? Völlig ohne Erwartung, völlig ohne Kommentar. Es ist, wie es ist, und es ist gut so.

Go in – go out -Verbrennen

Wenn ich meine Gedanken verbrenne, dann hilft das für den Moment, aber diese Gedanken kommen immer wieder. Kann man das irgendwie verhindern?

Verhindern kann man nichts. Man kann es unwahrscheinlicher machen.

Ich habe für meine Rhetorik-Seminare eine Methode «Go-in → Go out" entwickelt. Die lässt sich auch hier anwenden.

Ich hatte immer wieder Teilnehmer in meinen Seminaren, die Sätze so betonen wie bei einer Aufzählung. Bei einer Aufzählung ist die Stimme am Ende des Satzes oben. Das klingt sehr langweilig und monoton. Das Problem ist, dass die meisten Teilnehmer sich gar nicht darüber bewusst sind, dass sie das tun. Ich bin eines Tages drauf gekommen, dass es auf Dauer nichts nützt, wenn ich sie korrigiere und es Ihnen immer wieder richtig vormache. Sie schaffen es bei dem einen Satz, den ich korrigiere, aber dann bei den nächsten, frei gesprochenen Sätzen passiert es wieder. Sie bemerken nach einiger Zeit zwar, dass es nicht richtig war, aber sie können es willentlich einfach nicht ändern.

Eines Tages bin ich auf folgende Lösung gekommen, die das Problem auf Dauer behob:

Ich gebe meinen Teilnehmern eine Hausaufgabe: Fünf Abende hintereinander setzen sie sich für eine Stunde hin und lesen einen beliebigen Zeitungs-Text. Dann lesen sie jeden Satz immer zweimal, einmal "richtig ", einmal "falsch". "Go-in" – "Go out". Einmal am Ende die Stimme hoch, einmal am Ende die Stimme runter. Eine Stunde lang. Der Effekt ist, dass sie plötzlich eine *Kontrolle* über die Aufzähl-Betonung gewonnen haben, die sie vorher nicht hatten. Sie hatten die Fähigkeit entwickelt, *willentlich* umzuschalten. Dasselbe kann man auch mit negativen Emotionen und Gedanken machen.

Nehmen wir an, Sie haben eine große «Ungerechtigkeit» erlebt.

Setzen Sie sich hin und gehen in das Verletzungs-Gefühl. Wiederholen Sie immer wieder den Gedanken, der das Verletzungs-Gefühl auslöste. Sobald Ihr Gefühl da ist, «kontern» Sie jetzt mit einem meiner Perspektivenwechsel. Sie sagen sich zum Beispiel: «Das ist für den Ausgang meines Lebens völlig unwichtig». Oder «Du brauchst nichts zu kontrollieren im Leben, du kannst gar nichts kontrollieren, lass das sein, was ist, alles ist perfekt.» Das machen Sie so lange, bis das Gefühl verschwindet. Das war «Go-out». Jetzt machen Sie aber wieder «Go-in». Sie wiederholen bewusst den verletzungauslösenden Gedanken. Wenn das Gefühl stabil ist, machen Sie wieder «Go-out» mit einem Perspektivenwechsel. Dann wieder Go-in, dann Go-out u.s.w. bis Sie die *Kontrolle* darüber haben, bis Sie in der Lage sind, *willentlich* umzuschalten. Dann sind Sie nicht mehr Opfer, sondern Täter Ihrer Gefühle. Aber das braucht manchmal Training über mehrere Tage.

Dasselbe sollten Sie auch mit Ihren schein-positiven Gefühlen machen. Denn diese haben genauso wenig mit Ihnen zu tun wie die negativen.

Trauen Sie Ihren Gefühlen ... Aber welchen???

Ich habe gehört, man solle seinen Gefühlen trauen, aber wenn ich vor einer Entscheidung stehe, dann habe ich alle Arten von Gefühlen, ich weiß nicht, welchem Gefühl ich vertrauen soll?

Ihr Problem liegt nicht in Ihren Gefühlen, sondern in Ihren *Gedanken*. Ihre Gedanken laufen kreuz und quer, also laufen auch Ihre Gefühle kreuz und quer. Wenn Sie gedankenfrei sind, können Sie sich auf Ihre Gefühle verlassen.

Es ist einer dieser vielen Lebensirrtümer «Vertrau auf deine Gefühle». Denn die Menschen sind sich ihrer Gedanken-Gefühls-Verkettung nicht bewusst.

Nehmen wir an, Sie wollen sich selbständig machen. Jetzt wollen Sie auf Ihr Bauchgefühl hören. Sie setzen sich hin und stellen sich vor, wie Sie plötzlich Ihr eigener Herr sind, wie Sie Ihre Zeit frei einteilen können, wie Sie mit viel geleisteter Arbeit auch viel Geld auf Ihrem Konto haben .... Ihre Gefühle sind positiv.

Im nächsten Moment stellen Sie sich vor: «Was, wenn ich keinen Auftrag kriege? Es gibt doch schon so viele, die das machen, was ich vorhabe. Wenn meine Reserven aufgebraucht sind, wer zahlt dann meine Miete? Was denken dann die Nachbarn von mir ...» Ihre Gefühle sind negativ.

Das Phänomen ist: Einmal stellen Sie sich ein Positiv-Szenario vor, das andere Mal ein Negativ-Szenario, und DAS steuert Ihre Gefühle.
Mit so einer Vorgehensweise geben Ihnen Ihre Gefühle keine Entscheidungshilfe!

Wichtig ist, um ein eindeutiges Ergebnis Ihrer Gefühlsentscheidung zu bekommen, ein ZIEL zu definieren. *Warum* wollen Sie selbständig werden? Was soll damit erreicht werden? Das müssen Sie den Mächten da oben mitteilen. Das vergessen viele.
Nehmen wir an, Sie sagen: «Ich will möglichst viel verdienen», dann sagt Ihnen Ihr Gefühl zum Schluss eventuell ein anderes Ergebnis, als wenn Sie sagen «Ich will Sicherheit im Alter» oder aber wenn Sie sagen «Ich will, dass ich möglichst berühmt werde».
Aber jetzt nehmen wir einmal an, Sie haben denen da oben Ihr Ziel mitgeteilt.

Um die tieferen Schichten Ihres Unterbewusstseins anzuzapfen, müssen Sie Ihre Gedanken still halten. Sie setzen sich hin und sagen sich nur ein *Stichwort:* «Ich bin selbständig –was sagt mein Gefühl?», und dann halten Sie Ihre Gedanken still. Und schauen dann, welches Gefühl sich bei Ihnen einstellt. Dann setzen Sie sich hin und machen die Gegenprobe: «Ich bleibe weiter angestellt – was sagt mein Gefühl?» Sie halten wieder danach Ihre Gedanken still. Auch das erzeugt bei Ihnen ein Gefühl.
Und jetzt erkennen Sie, dass plötzlich ein Gefühl der sicheren Entscheidung entsteht. Eines fühlt sich besser an als das andere.

Gehen Sie auf keinen Fall das Szenario weiter ausdenken, denn dann haben Sie wieder *Gedanken*-Gefühle. Auf die kann man sich nicht verlassen.

Eine noch sicherere Methode ist, die beiden Varianten auf ein Blatt Papier zu schreiben. Auf einem steht «Selbständig», auf dem anderen steht «Angestellt». Jetzt lassen Sie die beiden Blätter von jemand anderem herum drehen. (Sie wissen nicht, unter welchem Blatt welche Variante liegt.) Jetzt sagen Sie noch einmal das Ziel, das Sie mit dieser Entscheidung erreichen wollen, schließen die Augen und gehen mit einer Hand über die beiden Blätter – recht – links – recht – links, hin und her. Jetzt wird Ihnen durch eine spürbare Energie in Ihrer Hand untrüglich mitgeteilt, was die für *Ihr gegebenes Ziel* besser geeignete Variante ist.

Es gibt aber noch eine Möglichkeit, die einfacher ist. Wenn Sie an einer Wegkreuzung stehen und vor Ihnen gehen zwei Wege weg. Einer geht nach rechts, einer nach links, und Sie wissen nicht, welchen Weg Sie gehen sollen: Gehen Sie immer den Weg, vor dem Sie am meisten Angst haben – das ist der richtige Weg.[14]

Trotz allem müssen Sie sich bewusst darüber sein, dass diese Art von Entscheidungen, obwohl vom Gefühl unterstützt, für den Ausgang Ihres Lebens keine Bedeutung haben. Es ist für Ihr waches Bewusstsein und für Ihr Unterbewusstsein im Moment die «richtige» Entscheidung, aber aus der Perspektive des Glücksdurchbruchs, aus der Perspektive der Seele, gibt es keine richtige Entscheidung. JEDE Entscheidung ist richtig. Mit dieser Art der Entscheidung erfüllen Sie Ihre im Unterbewusstsein verdichteten *Wünsche*, aber Sie werden dadurch auf lange Sicht trotzdem nicht das erhoffte «Glück» erreichen. Darüber sollen Sie sich einfach im Klaren sein.

Aber es ist natürlich OK und unterhaltsam so etwas zu tun.

---

14 Wir würden nur noch die Hälfte der Hochzeiten haben, wenn die Menschen das als Richtschnur nehmen würden.

Sie können nicht «falsch» entscheiden

> Ich habe eine Freundin, wir sind beide voll ineinander verliebt. Ich will mit ihr zusammen ziehen, aber sie ist noch mit ihrem Mann verheiratet. Wir überlegen, ob wir es ihm sagen sollen oder nicht?

Es ist egal, ob Sie mit Ihrer Freundin zusammenziehen oder nicht – es hat keine Bedeutung für Ihr Leben. Sie können nicht falsch entscheiden, das Eine ist so gut wie das Andere.
Machen Sie bitte Ihre Augen zu. Stellen Sie sich die letzen 5 Sekunden Ihres Lebens vor. 5... – 4... -3... -2... -1... ENDE. Sie sind drüben ... War die Entscheidung wichtig aus dieser Perspektive?

> Nein.

Dann ist es auch jetzt nicht wichtig.

Das Selbstbild «Ich kümmere mich nicht, was andere denken»

> Ich kümmere mich wirklich nicht darum, was andere denken. Ich gehe ins Bordell und erzähle das auch jedem – ob Nachbarn, Eltern oder Mitarbeiter – ist mir egal.

Ich finde das bewundernswert, dass Sie das tun. Machen Sie das auch weiter so, denn die Menschheit braucht Modelle von Menschen, die von der Verlogenheit öffentlich Abschied nehmen. Wenn Sie sich in einem extremen Bereich Ihres Lebens nicht darum kümmern, was andere denken, dann heißt das aber nicht, dass Sie das in allen Bereichen geschafft haben. Bitte gehen Sie auf einem Bein hüpfend alleine durch die Fußgängerzone und beobachten Sie Ihre Gedanken. Natürlich denken Sie daran, was andere denken. Ein Zweijähriges würde sich darum nicht kümmern.

Sind wir ohne Vorurteile?

Ich habe keine Vorurteile, ich akzeptiere jeden, wie er ist.

Wenn Sie wirklich alles akzeptieren, dann geben Sie keinen gedanklichen Kommentar mehr ab. Lassen Sie uns das überprüfen.

Stellen Sie sich vor, Ihr Sohn bringt zum ersten Mal seine neue Freundin nach Hause. Sie fragen am Abendtisch, was sie beruflich tut, und sie antwortet: «Ich arbeite als Prostituierte.»

Sind Sie wirklich ohne Kommentar? Wo ist Ihr Akzeptieren jetzt?

Wir müssen anfangen, erst einmal gegenüber uns selber ehrlich zu sein.

Wir können weder uns noch die Welt verändern, wenn wir uns darüber anlügen, «was ist»

Wir sind alle eins – Auch im Handeln

Gestern habe ich im Fernsehen gesehen, wie ein Mann seine ganze Familie ermordet hat. Das hat mich schwer getroffen. All die Kriege, all das Morden, all die Ungerechtigkeit in dieser Welt, das belastet mich, das kann ich nicht einfach so tolerieren.

Wir sind alle eins. Wenn Sie im Fernsehen sehen, dass jemand seine Familie ermordet hat, dann haben auch *Sie* sie ermordet. Wenn ein Kind schreit, dann schreien auch *Sie*. Wenn einer einen Menschen vor dem Ertrinken rettet, dann haben auch *Sie* ihn gerettet. Sie und jeder andere Mensch auf dieser Welt sind eins. Sie schauen sich ständig selber zu.

Nehmen Sie jeden Menschen, jede Tat, jedes Ereignis ohne Urteil an, damit nehmen Sie sich selber an.

Misshandlung in der Kindheit

> Ich bin in der Kindheit misshandelt worden. Das Trauma lässt mich nicht mehr los. Was kann ich dagegen tun?

Sie wiederholen den immer selben Gedanken. Erkennen Sie das, und lieben Sie sich dafür, dies zu tun. Das ent-identifiziert. Schlimmer als in der Kindheit misshandelt zu werden ist, diese Misshandlung ein Leben lang weiter zu führen.

Wir *glauben* unsere Gedanken. Das ist die Krankheit.

Konzepte bringen Leid

> Sie sagen, alle Konzepte führen uns weg von uns selbst, und Religion ist auch ein Konzept. Aber hat Religion nicht auch viel Gutes hervorgebracht?

Ohne Zweifel haben Religionen viel karitative Arbeit geleistet und Menschen emotionalen Trost finden lassen. Nur weil auch praktische Hilfe geleistet wird, heißt das nicht zwingend, dass das dahinter stehende Konzept das einhält, was es verspricht. Religion hat es nicht geschafft, ihr großes Versprechen von einer friedlichen Welt mit wirklich glücklichen Menschen zu erfüllen.

Im Laufe der Menschheitsgeschichte haben wir tausende Konzepte erschaffen, die uns glücklich machen sollten. Aber in Wahrheit erschufen all diese Konzepte Leid. Nationen bringen Leid, Religionen bringen Leid, Karriere bringt Leid, Familie bringt Leid, Heirat bringt Leid, Kinder bringen Leid ... sie sind wie Drogen: Am Anfang empfinden wir Befriedigung damit, aber wir blenden die Tatsache aus, dass die hohe Erwartungen, die wir in diese Konzepte gesteckt haben, alle auf lange Sicht immer enttäuscht werden. Denn die Konzepte verkennen die Welt, wie sie wirklich ist. Wir klammern uns an Dinge, die nicht real sind.

Auch meine Vorschläge sind nur ein Konzept, das ist eine Tatsache. Solange man nicht den Glücksdurchbruch erreicht hat, bleibt es auch so. Die vielleicht 5.000 Glücks-durchgebrochenen auf der Welt könnten zwar etwas anderes bezeugen, aber das nützt uns im Moment nichts, denn *wir* sind nicht im Glücksdurchbruch. Jeder Einzelne von uns kann nichts anderes tun, als es auszuprobieren, um zu sehen, ob er damit bessere Ergebnisse erhält als bisher.

Nicht Sie denken – Gott denkt

Sie haben erzählt, man kann direkt mit dem Universum reden und Fragen stellen. Wenn das Universum doch alle Gedanken schickt und jede unserer Entscheidungen durch das Universum gefällt werden, dann brauche ich ja auch keine Frage an das Universum zu stellen, denn das Universum stellt ja dann (durch mich) die Frage und das Universum gibt sich selber die Antwort.

Ja, das stimmt, aber das Universum erlebt sich durch Sie in dieser Situation. Es erlebt *Ihre* Gefühle dabei – darum geht das ganze Spiel.

Das Universum will sich durch jeden von uns als «Schein-Unwissenden» erleben, damit das eigene «Wissen» wieder erfahrbar wird.

Für Sie als schein-unabhängiges Wesen hat es den Effekt, dass Sie Einsichten von der höchsten Quelle bekommen, die Sie vorher nicht hatten.

Gibt es mich?

Ich kann mir nicht vorstellen, dass ich eine Illusion bin. Mich gibt es doch. Ich sehe mich, ich habe Eigenschaften, ich habe Eigenarten, Leute erkennen mich und alles. Wie kann es sein, dass es mich nicht gibt?

Schließen Sie bitte die Augen. Versuchen Sie jetzt, in sich diese Person zu finden, deren Name in Ihrem Reisepass geschrieben steht ...

Ich bin um Geld betrogen worden

Es gibt Dinge, die kann man nicht so einfach wegstecken. Ich bin hintergangen worden. Einer meiner Mitarbeiter, dem ich über alles vertraut habe, hat mich um 80.000 Euro betrogen.

Was haben Sie heute zum Frühstück gegessen?

Einen Kaffe und zwei Croissants.

Wo haben Sie heute Nacht geschlafen?

In meinem Bett zu Hause.

Werden Sie nächstem Monat Ihre Miete noch zahlen können?

Ja, wahrscheinlich.

Anscheinend sind Sie ja trotzdem noch lebensfähig. Selbst wenn Sie *keine* Miete mehr zahlen könnten, wären Sie immer noch lebensfähig. Das Leben kümmert sich selbst um das Leben. Sie müssen da nichts tun. Dass Ihnen irgendetwas Wichtiges genommen worden ist, ist nur ein Konzept in Ihrem Kopf. Ein Gedanke. Und weil dieser Gedanke ein negatives Gefühl bei Ihnen auslöst, ist dieser Gedanke eine Lüge.

Konzentrieren Sie sich einmal nur auf das Jetzt hier. Gedankenfrei – ... – Fehlt Ihnen irgendetwas hier in dem Moment?

Nein.

Sehen Sie: Nichts ist passiert. Lassen Sie los. Das Leben meint es immer gut mit Ihnen.

Trauern bei Todesfällen

Wie lange soll man trauern, wenn ein naher Mensch gestorben ist?

Wie lange soll man trauern, wenn bei einer Autofahrt eine Fliege auf Ihrer Windschutzscheibe stirbt? Wir tun so, als ob es ein Naturgesetz ist zu trauern. Das ist es nicht. Trauer, genauso wie Ekel, genauso wie Eifersucht, ist ein Imitationsverhalten. Wir *müssen* nicht trauern, wir tun es einfach, weil es ein kulturelles Erbe ist. Es gibt eine gesellschaftliche Erwartung, dass man trauern muss, denn sonst hat man den Toten nicht geliebt. Trauer ist Anhaftung. Es ist völlig OK zu trauern, aber ist auch völlig OK nicht zu trauern. Für den Verstorbenen ist Ihre Trauer eine Belastung. Der wünscht sich das nicht in seinem Jenseits. Die Frage ist, wie weit wünschen Sie es sich? – Sie bemitleiden sich selber, sonst niemand.

Je eher Sie loslassen können, umso besser ist es für Sie, wie auch für den Verstorbenen. Sie müssen nicht mehr in Wehmut an ihn denken.

Ich habe einen Bruder, der ist geistig behindert, er ist ungefähr auf dem Stand eines Sechsjährigen. Als meine Schwester 2003 starb, hat er mir eine Lektion in Trauer gegeben. Er ist nach ihrem Tod drei Tage lang nicht aus dem Bett gegangen vor Trauer. Am vierten Tag ist er aufgestanden und alles war restlos verschwunden – kein leisester Nachhall mehr. An der Beerdigung, als der Sarg unter den weinenden Blicken aller Versammelten nach unten gelassen wurde, hat er in die Runde geschaut und kommentiert: «So, jetzt gehen wir aber bald mal Kaffee trinken!»

Schuld

> Ich habe meine Arbeit verloren und deswegen muss meine Familie jetzt auf viele Dinge verzichten. Ich fühle mich schuldig und mache mir Vorwürfe deswegen.

Sie brauchen sich niemals wegen irgendetwas schuldig zu fühlen. Sie dürfen sich nicht nur, nein, Sie *müssen* sich immer lieben, genau so, wie Sie sind. Sie dürfen sich immer ALLES verzeihen. Sie haben niemals Schuld an irgendetwas. Wenn Sie Ihre Arbeit verloren haben, wenn Sie Ihre Kinder vernachlässigt haben, wenn Sie Ihre Frau geschlagen haben, wenn Sie betrunken ein Kind tot gefahren haben ... Sie haben keine Schuld. Schuld ist ein Konzept. So etwas wie Schuld gibt es nicht. Es ist passiert, deswegen ist es richtig so, sonst wäre es ja nicht passiert.

Das Universum verzeiht Ihnen immer, deswegen dürfen auch Sie sich immer alles verzeihen. Wenn das Universum nicht gewollt hätte, dass das durch Sie nicht passiert, dann *wäre* es nicht passiert.

Manifestieren und Glücksdurchbruch

> Wie gehen «Wünsche manifestieren» und der Glücksdurchbruch zusammen?

Selten manifestieren «Sie» bewusst. Alles, was Ihnen in Ihrem Leben passiert, ist eine Manifestation. Es ist meistens Ihre Seele, die die Dinge in Ihr Leben zieht. Die wenigsten Manifestationen macht der Verstand. Ihre erfolgreiche Karriere haben Sie vielleicht vom Verstand bewusst manifestiert – mit Zielen, Affirmationen und so weiter. Aber den schweren Autounfall mit 38 nicht. Trotzdem ist auch der Unfall von Ihrer Seele manifestiert worden.

Das bewusste Manifestieren durch das Gesetz der Anziehung ist, wie alles, weder richtig noch falsch. Es ist, was es ist. Eine gigantische Möglichkeit des Universums, um uns selbst in unserer scheinbaren «Macht» erfahren zu können. (Im Wort «Macht» steckt das Wort «machen». Aber nicht Sie machen, ES «macht».) Es ist ein Werkzeug innerhalb der Illusion, um die Illusion selbst verändern zu können. Alle vom Ego-Verstand gemachten Manifestationen haben ein Ziel: Wir wünschen und arbeiten für Dinge, von denen wir erhoffen, dass sie uns glücklicher machen.

Wir manifestieren so lange, bis wir erkennen, dass uns keine Manifestation wirklich glücklich macht.

Sie wollen eine Villa an der Cote D›Azur, Sie wollen ein erfolgreicher Unternehmer werden, Sie wollen der Frauenheld sein. Je weiter Sie sich dem Glücksdurchbruch nähern, umso seltener werden Sie manifestieren wollen, weil es immer weniger gibt, von dem Sie denken, dass Sie es für Ihre Glückseligkeit brauchen. Sie erkennen, dass schon immer alles da war. Zu allem, was Sie trotzdem noch an Wünschen entwickeln, gilt der Grundsatz: Ich will dich, aber ich brauche dich nicht.

Die Möglichkeit des Manifestierens ist uns gegeben worden, um die einzig wichtige Manifestation nach tausenden von Leben endlich zu schaffen: den Glücksdurchbruch.

Sie können das Ego dazu benutzen, um das Ego aufzulösen! Entweder machen Sie es bewusst oder Ihre Seele macht es irgendwann – vielleicht aber erst nach achtzehn weiteren Erdenaufenthalten.

Was, wenn die gesamte Erde einen Bewusstseins-Sprung erlebt?

Ist es möglich, dass in nächster Zeit sehr viel mehr Menschen auf der Erde im Glücksdurchbruch leben? Und wenn der ganze Planet einen Bewusstseins-Sprung erlebt, was hätte das für Konsequenzen?

So ein allgemeiner Bewusstseinssprung ist sehr wohl möglich – ich halte ihn sogar für wahrscheinlich. Wenn eine kritische Masse von Menschen im Glücksdurchbruch lebt und eine entsprechende Masse anderer Menschen ihr Bewusstsein massiv erweitert hat, dann können die Dinge auf dem Planeten sich sehr rasant entwickeln. Es kann eine Art Kettenreaktion geben. Das würde das Bild der Erde so grundlegend wandeln, dass es die Veränderungen der technischen Revolution der letzten hundert Jahre bei weitem in den Schatten stellt. Wenn der Lebenssinn sich verändert, verändert sich alles.

Der Goldpreis würde eine noch schnellere Talfahrt erleben, als er jetzt einen Höhenflug erlebt hat. Wenn nur noch wenige Menschen als Lebenszweck die materielle Sicherheit sehen, dann brauchen immer weniger Menschen Gold als Sicherheit. Den Religionen würden scharenweise ihre Mitglieder weglaufen. Denn die Menschen würden erkennen, dass es nie einen Vermittler gebraucht hat zwischen dem «Alles, was ist» und dem Individuum.

Die Anzahl der Rechtsanwälte würde drastisch zurückgehen, denn erstens würde die Einsicht herrschen, dass wir alle eins sind und ein Versprechen entgegen dem Willen meines Geschäftspartners einzuklagen, würde bedeuten, sich selber anzuklagen. Zweitens würde jede Art von Versprechen als eine potentielle Vergewaltigung der inneren Stimme betrachtet werden. Traditionen würden Stück für Stück verschwinden oder nur noch als Nischenerscheinung weiter existieren. Denn die Einsicht würde herrschen, dass eine Tradition das Gegenteil von Loslassen ist. Kaum noch Menschen würden heiraten. Es würden völlig neue Formen des partnerschaftlichen Zusammenlebens auftreten. Es würden nur noch sehr wenige Kinder geboren werden, denn man würde erkennen, dass das, was man sich durch die Kinder erhofft, schon immer da gewesen ist und durch die Kinder auch nicht hätte erreicht werden können. Auf lange Sicht würde der Planet wieder auf eine gesunde Anzahl von Menschen zurück kommen – vielleicht die Hälfte von heute.

Aber die wichtigste Veränderung wäre, dass die Mehrheit endlich das erleben würde, was ich U-Glück nenne. Die Erde wäre endlich *das* Paradies, als das sie von Anfang an geplant war.
   Diese Veränderungen werden aber nur stattfinden, wenn Sie bei sich selber beginnen.

Perspektivenwechsel: Es ist alles erledigt

Wenn Sie das nächste Mal einem Menschen begegnen, dann hören Sie diesem Menschen so zu, als ob bei Ihnen alles erreicht, alles erledigt wäre. So, als ob es bei Ihnen keine Wünsche mehr gäbe, keine Bedürfnisse mehr zu befriedigen wären, keine Ziele mehr zu erreichen, keine Pläne mehr zu verfolgen. Sie hören ihm so zu, als ob es für Sie nichts mehr auf dieser Welt zu tun und nichts mehr zu denken gäbe. Hören Sie ihm zu, als ob Sie mit allem bereits abgeschlossen hätten – so, als ob Sie definitiv zu Hause angekommen wären. Dann geht es nur noch um diesen Menschen – in diesem Moment – bei Ihnen selber ist alles erledigt – Sie sind bereits angekommen – Sie sind im Frieden. Saugen Sie auf, was dieser Mensch Ihnen mitteilen will. Sie sind nur hier wegen ihm.

Sie werden erstaunt feststellen, dass Sie noch nie im Leben so intensiv einem Menschen zugehört haben ... Plötzlich merken Sie, dass *Sie* dieser Mensch sind – Sie selber in einer Ihrer früheren Zustände. Sie sind im Moment gelandet.

Sie begegnen nur deswegen Menschen, um mit ihnen diesen Perspektivenwechsel erleben zu können. Eine darüber hinausgehende Bedeutung hat die Begegnung nicht.

Wie es für Sie weiter gehen kann

Sie haben dieses Buch bis hierhin gelesen, das heißt, dass Sie bereits schon vorher ein Mensch gewesen sind, dessen Bewusstsein geöffnet war. Lesen Sie dieses Buch nicht nur einmal, lesen Sie dieses Buch mehrere Male. Sie werden bei jedem Lesen immer wieder völlig Neues entdecken. Um weiter zu kommen, bleiben Sie einfach dran. Lesen Sie nicht nur dieses Buch, lesen Sie andere spirituelle Bücher, besuchen Sie Seminare, wenden Sie die Perspektivenwechsel an.

Training

Ich bin Trainer. Mein Spezialgebiet ist Schlagfertigkeit und «Reden vor Publikum». Unser Beruf wird bewusst Trainer genannt. Denn Trainer *trainieren!* Sie trainieren Verhalten, damit zum Schluss auch das erwartete Ergebnis herauskommt. Ohne Training, nur durch Zuhören, passiert sehr wenig.

Ich habe, was meine Fähigkeit, Menschen für faszinierendes Reden zu trainieren, eine spezielle Gabe: Es ist die Gabe, voll auf meine Intuition setzen zu können. Ja, ich bin ein «begnadeter» Lehrer, denn mir wird die Gnade zu Teil, dass nicht ich agiere, sondern ES agiert durch mich. Mein Kanal nach oben ist offen – «Ich» halte mich raus. Das erzeugt das Phänomen, dass ich teilweise selbst fassungslos daneben stehe, um zu beobachten, was durch mich geschieht. Deswegen wage ich zu behaupten, dass es sehr schwer sein wird, einen zu finden, der das von sich heraus besser macht, als die Kräfte, die durch mich wirken.

Deswegen: Wenn Sie ein Rhetorik-Seminar besuchen wollen, wo Sie wirklich sichtbar anders werden als alle anderen, ein Seminar, wo der hohe Anspruch ist, *Faszination* bei Ihrem Publikum auszulösen, dann kommen Sie zu mir. Ich weiß Dinge, die die anderen nicht wissen. Die Seminare werden regelmäßig in Deutschland, Österreich, Schweiz und England durchgeführt. Für Termine, Daten und Preise besuchen Sie meine Website www.poehm.com.

Ich biete ebenfalls *spirituelle* Seminare und Vorträge an. Auch hier bin ich Trainer. Durch Zuhören hat noch niemand Skifahren gelernt. Skifahren lernt man über das Tun. Niemand kann Sie letztendlich zum Glücksdurchbruch führen, auch ich nicht, aber bei mir garantiere ich, dass Sie den Vulkanberg mit am weitesten nach oben geschoben werden, so dass die Wahrscheinlichkeit für den Glücksdurchbruch massiv zunimmt. Ob Sie ihn dann erreichen oder nicht, wird woanders bestimmt, aber eins ist sicher: Ihr Gedankenwesen wird Macht abgegeben haben. Ihr Bewusstsein wird nicht mehr dasselbe sein, das es vorher war.

Sie können den Glücksdurchbruch sofort erreichen, Sie können ihn auch in der Zeit erreichen. Beides ist möglich. Die meisten Menschen, denen gesagt wird, dass sie für den Glücksdurchbruch *nichts* tun können und dass es auch keine *Methode* gibt, hören diese Botschaft schon seit zwei bis fünf Jahren, und trotzdem haben sie den Glücksdurchbruch *nicht* erreicht. Andere *tun* etwas, und plötzlich passiert es. Beides ist beobachtbar.
Deswegen: Tun Sie etwas!

Die spirituellen Seminare werden regelmäßig in Deutschland, Österreich, Schweiz und England durchgeführt, gehalten von mir persönlich. Für Termine, Daten und Preise besuchen Sie meine Website www.poehm.com.

Unterstützen Sie das Erschaffen einer neuen Welt

Wenn Sie die Ideen dieses Buches unterstützen wollen, dann legen Sie dieses Buch für zwei Monate sichtbar auf die vordere Ablage unter Ihrer Windschutzscheibe. Es wird genau die Leute ihren Blick darauf werfen lassen, deren Seele dieses Buch im Moment braucht.

Die Welt wird beobachtbar besser, je mehr Menschen dieses Buch lesen.

Glücksdurchgebrochene,
die der Autor persönlich erlebt hat

Zeno Eisenhut	www.sein-mit-zeno.de
Om Parkin	www.om-c-parkin.de
Gabriele Rudolph	www.coaching-gabrielerudolph.gmxhome.de
Mario Mantese	www.mariomantese.com
Gangagji	www.gangaji.org
Tony Parsons	www.theopensecret.com
Eckhart Tolle	www.eckharttolle.com
Samarpan	www.samarpan.de

Danksagung

Ich danke den zwei Wesen, die mir bei diesem Buch fast alles eingegeben haben:

Das erste Drittel des Buches wurde durch den Planeten Erde geschrieben, die zwei letzten Drittel durch das Universum.

Schlagfertig auf dem Schulhof!

Kinder sind in Schule und Freizeit oft schlimmen Hänseleien ausgesetzt. Es gibt immer Großmäuler und Rädelsführer, die die Schwächen anderer ausnutzen und sie verbal richtiggehend fertigmachen. Weder die Kinder selber, noch ihre Eltern wissen, was sie darauf sagen sollen.

- Matthias Pöhm schafft hier Abhilfe und hat speziell für Kinder Vorgehensweisen entwickelt, die den anderen zeigen: Achtung! Ich kann kontern! Auch beim Thema Gewalt von Größeren stellt er Strategien vor, wie das unterdrückte Kind wieder sein Selbstwertgefühl zurückbekommen kann. Ihr Kind soll niemals mehr Narben auf der Seele davon tragen.